笹原英治郎
元福岡県警視

暴力団の行方

消滅、マフィア化、それとも…

海鳥社

はじめに

私は大学卒業後、地元の銀行に勤務したが、前々から警察官、とりわけ暴力団を取締る刑事になりたくて、福岡県警察官を拝命した。

私が小学校に入学するかしないかの頃のことである。ある夏の日の夕方、酔っ払った上半身入墨の三十代半ばの男がいきなり玄関口に入って来るなり、「お前とこの家の横の溝に落ちて怪我した。どうしてくれるんや」と怒鳴りながらズボンを捲《まく》り、膝付近から出血した足を突き出してきた。

その時、家の中には父と母、それにそれぞれ二つ違いの兄二人がいたが、父は少し奥の方から「そりゃ、すいません」と謝り、また母は当時どこの家庭にも常備薬として置いていた赤チンキとオキシドールを持って来て、汚れた足を丁寧に拭きながら「痛かったでしょう。ごめんなさいね」と何度も謝っていた。兄二人も母のすぐ後ろに口を一文字にして凍りついたように突っ立っていたが、何もできなかった。男が立ち去った後、私は恐さと悔しさで母に抱きついて泣いた。そんな幼少期の原体験が、警察官に駆り立てたのだと思う。

警察官を拝命してから六年後の昭和五十八年に、初めて暴力団を担当する専務係員となった。この時、自分たちが頑張れば暴力団は少しずつ壊滅の方向に向かうと信じて疑わなかった。

その後、約三十年間勤め、平成二十五年に退職するまでの間、刑事関係を二十三年間、その大半は暴力団担当部門に籍を置いて仲間とともに頑張ってきたつもりだが、現状はどうであろうか。これまでの努力を卑下することもないが、世間に対して、暴力団は壊滅に向かっていると胸を張って言えるような状況ではないと思っている。

第一線で直接彼らと闘ってきた者の一人として、今後の暴力団対策を推進する上で、現場でしか気がつかない点について少しでも参考になればと思い、筆をとるに至った次第である。

また後半は、暴力団関係以外に、警察から見た検察・裁判所など法曹への提言や、司法試験など各種国家試験などの在り方、最近問題となっている収入格差や医療・年金問題、終身雇用制・年功序列制についてなど、日頃考えていることを実例を交えながら書いた。

ヨーロッパ・コーカサス地方のある町では、普段はあまり本と縁のない人たちであっても、五十歳になったら本を一冊出さなければ一人前の男として認められない、という話を何かの本で読み、いずれは私もと思ったのがもともとの動機である。

本書を手に取って下さった方に、一つでも共感できるものがあれば幸いである。

暴力団の行方——消滅、マフィア化、それとも…◉目次

第一部　暴力団の行方

第一章　暴力団の現状

第二部　現場からの提言

第一部

暴力団の行方

第一章 暴力団の現状

暴力団はどのように変化したか

暴力団の盛衰に関し、ノンフィクション作家で暴力団ウォッチャーの溝口敦氏と、前日本弁護士連合会民事介入暴力対策委員長の三井義広氏が、溝口氏の著書『暴力団』（新潮新書、二〇一一年）の中で次のように述べている。

〈溝口氏〉

「警察は山口組を壊滅すると、おおよそ半世紀も前から言い始めました。ところが相変わらず山口組は壊滅しません。山口組以外の暴力団も存在しつづけています」

〈三井氏〉

「壊滅、壊滅と五〇年近く言い立てながら、いっこうに壊滅しないことのおかしさにいい加減気づいてもいいんじゃないですか」

その一方、溝口氏は同書の中で、

「暴力団は徐々に変化しています。バブル経済期に景気のよかった暴力団は今、相当な様変わりをしています。（略）近い将来、暴力団は零落《れいらく》して四散し、いくつもの小さな組織犯罪集団に、つまりマフィア化への道をたどるだろうと思われます。すでにその変化の兆《きざ》しは見え始めています」

と述べている。一般市民の方は、一体どっちなんだろうと思ってしまうだろう。

毎年、警察が暴力団員数や検挙件数などを発表しているが、本当に暴力団員は減りつつあるのだろうか。一般の人は、逆に増えているのでは、と疑ったりもするのではないだろうか。

■暴力団員数の変化

彼らの勢力の推移について判断する時、単純でわかりやすいものは、暴力団員数の変化である。実際の暴力団の勢力と一〇〇％整合するわけではないが、これを見ることにより、ある程度の傾向は見てとれるだろう。

警察が発表した全国及び、暴力団の活動が最も先鋭的な地域の一つと言われる福岡県においての暴力団員など（構成員及び準構成員）の数の推移は表一のとおりである。暴対法が施行された平成四年は九万六百人、二十年経過した平成二十四年には六万三二〇〇人と、二万七四〇〇人減（マイナス三〇・二％）となっている。この割合で減少すると仮定すると、二十年後の二〇三二年には四万四一一四人、四十年後の二〇五二年には三万七九二人となる。

減少の主たる要因が「暴力団員による不当な行為の防止等に関する法律」（以下、暴対法）や、これを補足するように全国各県で相次いで制定された暴力団排除条例であれば、前記のような減少傾向を推定できるが、これら以外にも次のような要因が考えられる。

・昭和六十年代に発生したバブル景気が平成に入って間もなく崩壊、その後の「失われた二十年」で彼らの寄生する経済社会のパイ自体がかなり縮小したこと

・山口組弘道会などを中心に、対警察「三無」作戦（会わない、入れない、喋らない）などガードが固くなり、警察による彼らの実態把握がより困難となり、構成員・準構成員として本来認定すべきなのに認定できずにいる者が相当数いること

・周辺者や、暴力団とは一定の距離を置く「半グレ集団」などとして活動する者が増加していること

・三大予備校の一つ代々木ゼミナールが少子化の影響を受けて多くの校舎を閉校したように、若手の新規加入が少なくなってきていること

■表１　暴力団員など（構成員及び準構成員）の数の推移

		構成員	準構成員	合　計
全国	平成４年	56,600人	34,000人	90,600人
	平成15年	44,400人	41,400人	85,800人
	平成24年	28,800人 (21,800人)	34,400人 (24,000人)	63,200人 (45,800人)

		構成員	準構成員	合　計
福岡県	平成４年	2,310人	600人	2,910人
	平成15年	2,170人	990人	3,160人
	平成24年	1,850人 (390人)	1,040人 (230人)	2,890人 (620人)

注１：暴力団とは、その団体の構成員が集団的に又は常習的に暴力的不法行為等を行うことを助長するおそれがある団体をいう

２：構成員とは、上記の暴力団の構成員をいう

３：準構成員とは、暴力団又は暴力団員の一定の統制の下にあって、暴力団の威力を背景に暴力的不法行為を行うおそれがある者又は暴力団若しくは暴力団員に対し資金、武器等の供給を行うなど暴力団の維持若しくは運営に協力する者のうち暴力団員以外のものをいう

４：（　）中は三大勢力（山口組、稲川会、住吉会）の合計数

出所：全国暴力追放運動推進センターの資料などを参考に作成

私が勤務した福岡県警の管内では、平成四年は二九一〇人、平成十五年は三一六〇人と、暴対法施行の約十年後には逆に微増しており、二十年後の平成二十四年もわずかにマイナス二十人（マイナス〇・七％）で、ほとんど変化はないということになる。

警察庁が行う全国的な統計（例えば交通事故による死傷者数や非行少年の人数など）の中で、増加・減少傾向が全国と一つの県とでこれほどまで異なるのは珍らしいと言えよう。

その理由として考えられるのは、全国的に巨大組織の比較的弱い末端部分が暴対法や暴排条例、不景気により離脱を余儀なくされたが、福岡県には三大勢力（山口組・稲川会・住吉会）の占める比率が小さく、その分、影響をあまり受けなかったか、あるいは、福岡県の暴力団組織の時代変化への適応能力が高く、さほど減少することなく生き延びたということであろうか。

いずれにせよ、巨大組織、とりわけビッグスリーは全体の七割強を占め、それ以外の組織にあっても、全体としての数は減少しても、その中核となる二次・三次団体は依然として強固な組織として存在しているようである。

■体感的にどのように変化したか

「はじめに」で述べたように、私は長年、暴力団担当専務員として携わってきたが、最近の暴力団の変化で体感的に感じるのは次のようなことである。

・繁華街での飲み歩きや葬祭場などでの派手な儀式が少なくなり、表面上の動きが目立たなくなってきた
・組同士の抗争や組員同士の表だった喧嘩が少なくなってきた
・警察とは「会わない、入れない、喋らない」の三無主義が定着し、警察からすれば組や組員の実態が把握しづらくなり、この延長線上で発生した事件の検挙も難しくなってきた
・以前は、抗争時に殺傷事件が発生した時は、少なくとも実行犯の一部が拳銃などを所持して出頭していたが、このような「けじめ」をつけることがほとんどなくなった
・一部の地域では、一般市民を殺傷したり、警察官も攻撃対象とするなど悪質化した
表面的には人数が減り、抗争などの激しい事案は少なくなって、一見、大人しくなったようにも見えるが、反面、市民や警察に対する攻撃が発生するなど凶悪化し、警察による実態把握、コントロールが困難となってきている。実質的な弱体化、壊滅へ向けた道のりは、依然として険しいものがあると言えよう。

国民は暴力団の存在を許容しているか

少し前のことだが、平成二十一年二月に福岡県警が県内四カ所の自動車免許試験場で暴力団

に関するアンケートを無記名で実施し、二十歳以上の男女九四六人が回答した。「暴力団の存在に不安を感じますか」との問いには、八二％の七七七人が「感じる」「少し感じる」と回答した。不安の理由として最も多かったのは「銃犯罪」の五二八人であった。また、不安を抱く人のうち一七九人は「被害に遭いそうな時、警察が守ってくれるとは思えない」と答えた。「暴力団はどのような存在か」との質問には「許されない反社会的存在」「望ましくない」が九三％に上った。必要な暴力団対策としては五四二人が「警察の取締り強化」を挙げ、条例制定には八〇一人（八五％）が賛成であった。

私は現役時、構成員と接する機会が多々あったが、本人たちは「男を張ることに生きがいを感じている」「いいことではないが、食うためには仕方がない」と、当然ながらヤクザ肯定派がほとんどであった。しかし一般の人々については、アンケートのとおり、ほとんどの人がヤクザの存在を望んでいないと感じていた。だが、実際に接した中には、少数派ではあるが次のような人たちもいた。

・建設業界などで工事を受注するため、暴力団の影響力を利用しようとする者
・選挙に当選するため、暴力団の組織票やバックアップを依頼する議員
・風俗営業者などで、他の暴力団やチンピラ、不良外国人などから防衛するために暴力団と付合う者

・ヤクザの生き方に惹かれ、その情婦となる女性

ただし、これらの者の中には、先代からの付合いでやむなく付合っている者、できることなら自分の代で手を切りたいと思っている者も少なくない。

また、ほとんどの人が暴力団の存在を望んでいないはずなのに、古くは国定忠治や清水次郎長、現代でも高倉健などヤクザ映画の主人公が人気を博してきた。日々、パワハラ上司や足元を見る取引先への怒りを押し殺し、薄笑いを浮かべて誤魔化し、日和《ひよ》って生きる情けない自分を片時忘れ、不条理な世間に反発する彼らのように生きたいと、一種の憧れを抱いているのかもしれない。

どういう者が暴力団員になっているのか

平成二十四年の我国の人口は約一億二八〇〇万人、そのうち暴力団員（準構成員を含む）は六万三二〇〇人である。つまり、およそ二千人に一人であるから、普通のサラリーマンやＯＬは一生のうち、彼らとかかわることはほとんどない。つまり、どんな者たちであるか、よく知らないということである。

かつて、イタリアの刑法学者のロンブローゾが、頭蓋骨などの生まれつきの身体的特徴で犯

罪を犯す者を決めつけたが、特定の顔付きの者がヤクザとなるわけではない。
過去、取調べなどで接した者の特徴をあげてみる。

〈おいたち〉

父親や叔父など近親者にヤクザがおり、子供の頃からそれらの者を見て育っている。また、両親が離婚し、片親で育てられるか児童施設などで育てられたりした者が多く、幼少期・少年期に経済的・愛情的に恵まれていない。その延長として、学生時代に勉強やスポーツに真剣に取組めず、社会に出ても低賃金の仕事を転々として苦労するが、反面、責任ある立場の者として苦労した経験を持たず、従って被害者意識が染みついている。

〈ヤクザになったきっかけ〉

少年時代の不良グループ、暴走族仲間などの引っ張りや、成年となって刑務所に服役中にヤクザと同房（同室）になり、出所後、その者に誘われるがまま暴力団事務所に出入りし、そのまま組員となるのが典型的パターンである。

〈腕っぷし〉

少年時代、不良グループの番長やボクシングなどをやっていて腕っぷしの強い者もいるが、一人では喧嘩も弱くいじめられるのでグループに入ったという者もおり、ヤクザ＝腕っぷしが強い者とは限らない。

〈見かけ〉

顔付きは、はっきり言って恐い者が多い。先の刑法学者ロンブローゾではないが、少なからず、その手の顔付きの者が暴力団員になる傾向はある。それに加え、生物学でいう獲得形質――つまり周りの環境や日々の習慣により、自然とそのような顔・姿となる。

某署にいた時の経験だが、所属する組でも一、二番を争うほど恐い顔の中堅組員が、二年ほど服役した後、署に挨拶に来ると、修行僧のようなアクのとれた顔になっていた。しかし約一カ月後、再び組事務所で会うと、すっかり元の黙っていても恐喝罪になるような顔付きに戻っていたのである。

たまに一般人の中にも、度派手な出で立ちをしてその気になっている者もいるが、顔付きや所作を見れば、所詮、素人は素人とすぐにわかる。ヤクザは普段から厳しい上下関係で生きており、いきなり勝ち込み（殴り込み）を命ぜられ、鉄砲玉に出されたり、ちょっとした下手を打ってエンコ（指詰め）されたりなど、いつも体を張っているため、緊張感が違うのだ。

また、ヤクザ側から見ても、警察官、とりわけ暴力団担当刑事はその臭いがするらしく、張り込んでいてもすぐにバレてしまう。

〈性格〉

一般人にも色んな性格、タイプの人がいるのと同様、ヤクザも十人十色である。ただ、一般

的な特徴として、

・面子に拘《こだわ》り、虚栄心が強い
・猜疑心が強い
・被害者意識が強く、自己中心的である

ことなどが言える。その反面、

・親子の情など心の琴線に触れるようなことに敏感で、その関係を一般人以上に大切にする。
・（最近は少なくなったが）惚れた親分、兄貴分には損得を考えず、とことん尽くす
・頭から差別的に見てこない者には、誠実を持って接する

など、今の一般社会から失われつつあるものを、少なからず持っている。

「良いヤクザ」と「悪いヤクザ」はいるのか

そもそも暴力団の定義は「その団体の構成員が集団的に又は常習的に暴力的不法行為等を行うことを助長するおそれがある団体」であり、そこから考えれば、これを構成する暴力団員が良い人であろうはずがない。

現役時代、よく一般の人々に、「上の方の人は良い人で、悪いことをするのは下っ端のチン

ピラだけでしょう」と聞かれた。しかし、親分衆も若い時はチンピラであったし、親分になれば下の者に恐喝させたり、人の殺傷を命じたりするわけであるから、悪さはチンピラの比ではないということである。

また、ほとんどのヤクザは労働を嫌い、働く人を馬鹿にした上で、これらの人からカスリを取って生きているのだから、横着者と言われても当然である。もし国民の皆がヤクザをやっていたら、食べ物も着る物も、道路も橋も建物も何もない世の中になってしまう。

先述の溝口氏の著書『暴力団』の中で、元山口組盛力会会長の盛力健児氏が、

「政治家にはよい政治家もいるし、悪い政治家もいる。商売人にもよい商売人と悪い商売人、両方がいる。警察官にもよい警察官と悪い警察官がいる。しかし暴力団だけは悪い暴力団だけで、よい暴力団はいません」

と述べている。警察OBとして警察官のことはちょっとさておき、暴力団については、まさにこういうことである。

残念ながら現実問題として、これから先も当分の間、暴力団が社会から完全にいなくなることはなく、市民は直接・間接に否応無く対面しなくてはならない。そこであえて、市民にとって良いヤクザというものを定義すると、次のようになるであろう。

・素人の出入りする場所に顔を出さず、シノギ（ヤクザの収入及びそれを稼ぐ手段）以外の

ことで素人衆に因縁をつけたり、かかわったりしてこない
・みかじめ料*などが法外ではなく、盆・暮れの付合いもさほど強要しない
・素人の身体・生命には絶対危害を加えない
・半グレや不良外国人を駆逐して寄せつけない
水商売や風俗営業などを営む者は、それなりのリスク、代償をある程度覚悟している者もおり、若干の保険料を支払っても、波風を立てずに商売をやっていくためにはやむなしとするところがある。また、かつては地元の堅気衆に人気のある親分衆も、少数ではあるが確かにいたようである。

＊みかじめ料
縄張り内で営業する風俗営業店や飲食店などから、その営業を暗に認める対価として徴収する金銭。

どのようにして食っているのか

その収入源は、覚醒剤密売、賭博、管理売春、風俗営業などからのみかじめ料、建設業者などからのピンハネなど、大凡《おおよそ》は把握されている。では、どの組がどの店から、どのような方法で、いくら取っているかなどと具体的になると、正確にはわからないと言った方がいい。

ヤクザにとって、そのメシネタは、拳銃の隠匿場所と同様、極秘事項である。これがメクれる（バレる）と、風俗営業店などは許可取消しになり、ヤクザ自身もメシの食い上げになるからである。

私が最初に暴力犯担当係員になった約三十年前、逮捕した身柄から、まず事件のことを中心に聴取するのはもちろんだが、それに加えて、組長から末端組員に至るまでの構成員の名前や地位、活動状況を聴取していた。当時は暴対法施行前だったこともあり、大方の者はこの聴取に応じていた。それでも、こと、シノギに関しては、まず口を割る者はいなかった。

ヤクザの資金源としては一般的に裏経済によるものと表経済によるものがあり、前者は伝統的資金源で非合法、後者は合法もしくはグレーゾーンからの収益である。

前者の代表的なものとして、覚醒剤密売、賭博、管理売春、飲食店などからのみかじめ料などがある。この中で覚醒剤密売はもろに違法であるが、管理売春であるソープランドや風俗営業のキャバレー・クラブなどは、一流企業から官公庁勤めの者まで相当数利用しており、サラリーマンの娯楽、息抜きになるとともに、ある面では性犯罪防止に貢献していることも否定できないだろう。

また、博打のうち手本引き、タブサイは原則としてヤクザ主催の賭博であるが、競輪、競艇、競馬は公営の賭博に乗っかり、場外で胴を張ることになる。現役時代、手本引き、タブサイ、相撲賭博を検挙したことがあるが、手本引きは最近、ヤクザでもなじみが薄くなっているようだ。

この手本引き、タブサイなどのヤクザ賭博は、ヤクザ及びその周辺の世界で右から左に金が動くだけである。それに比べ、相撲賭博や野球賭博、地方で行われる闘鶏賭博などは、ヤクザが胴元になり、客は商店主や普通の会社員などで、掛金も比較的少額であることから参加しやすいようだ。最近は少なくなってきていると言われるが、ヤクザにとっては、それなりの収入源となっている。

相撲賭博を検挙した際は、千秋楽の日に組関係者宅に踏み込んだところ、茶封筒をテーブルに並べ、配当金を詰め込んでいる際中であり、そのまま現行犯逮捕となった。それでも賭博を否認したが、押収した現金、オッズ表などが動かぬ証拠となって起訴され、賭博開帳図利《とり》の胴元として懲役とあいなった。

みかじめ料は、かつてはクラブ、スナック、飲食店などが、ヤクザの息のかかった業者からおしぼり、壁掛絵画、観葉植物などをレンタル・リースし、通常よりかなり割高な料金を払わされたり、年末年始には数の子、注連縄《しめなわ》を臨時に購入させられたりしていた。また、時には店の営業中に突然ドアが開き、頼みもしない獅子舞が入って来ておひねりをねだったり、ダイレクトに出入口から組員らしき男が店のママを手招き、ママがレジから数万円を握って男に渡すこともあった。だが、今は暴対法・暴排条例の効果で、そのような露骨かつ直接的な方法から、店舗の賃貸料にみかじめ料を上乗せし、大元からまとめて支払わせるなど、より巧妙化しているようである。

また、表経済への介入としては、例えば三代目山口組田岡一雄組長は、もともと組員に対し、正業を持つように勧めていたとされる。小規模での事業参加は昭和二、三十年代からあったようだが、昭和三十年代末から昭和五十年代初頭にかけての第一次～第三次頂上作戦*が実施された頃には不動産・土建業などへの介入が進んだ。また、昭和六十年代から平成初期のバブル期には不動産売買や地上げ、さらに最近では株取引、証券販売などの商取引にも介入してきているとされる。

＊頂上作戦

約一万人規模に膨れ上がった山口組を最大のターゲットとし、また当時発生した同組と他の有力組織の抗争鎮圧を図るため、警察庁が全国警察に大号令をかけ、暴力団各組織のトップ（頂上）の徹底検挙と、その資金源遮断による暴力団組織の解体を目指した大規模な壊滅作戦。昭和四十年頃から五十年代前半の十数年間に三次にわたり実施された。

これにより、山口組はもとより他の有力組織においても多くのトップを含む幹部組員らが多数検挙され、解散に追い込まれる組織も複数に及んだ。また、特に山口組にあっては、港湾事業や芸能興行からのシノギに大きな打撃を被ったと言われている。

株取引や証券販売に関しては、まだまだローカル組織まで浸透しておらず、東京・大阪・名古屋などの大都市に勢力を持つ組織に限定されているようである。また、不動産売買への介入などは、バブルが再燃すれば再び吹き荒れると思われるが、今のところ鎮静化しているようだ。ただし、建築・土木、産業廃棄物、解体業などについては、都市部・地方を問わず、官民の大型工事から中小工事に至るまで暴力団が触手を伸ばしており、最高幹部クラス直轄の有力資金源となっている。

これらの業者がピンハネされる割合は、かつてのバブル期ように、請負金額に対して土木五%、建築三%などと言われた時代もあったが、今はその半分以下に下がっているようだ。ピンハネ方法としては、かつては元請のゼネコンから交際費などの名目で直接支払われるケースもあったようだが、最近は暴力団と親交を有する下請け会社を通じて交付されるのが一般的である。具体的には次のような手順となる。

・暴力団と親交のあるA業者が、さらに下請けB業者に架空の仕事を発注したように装い、A業者がその支払い代金をプールする（あるいはB業者からバックさせる）。また、工事代金を上乗せして支払ったようにして、その差額分をプールし、暴力団に交付する。

・暴力団と親交のある者に、セメント・土砂などの建設資材・原料を取扱う小規模な会社を設立させ、地元業者に半ば強制的に、そこから市価より数%高い代金で購入させ、その利益を回収する。

これらのシステムにより利益をあげるためには、親交のある業者を工事の下請けに入らせなければならない。そのため、元請け会社と複数の下請け会社の間に立って工事を振り分ける名義人と密な関係を保ち、また時として意に従わない名義人には脅しをかけてでも工事を受注する。それでも従わない名義人に対しては実力を行使し、時には殺傷事件まで発生している。

どうして抗争を起こすのか

大きく分けて、理由は二つである。

一つは、戦国時代と同様、その勢力の維持・拡大、つまるところ食うための縄張り争い、資金獲得のためである。典型的な弱肉強食の世界であり、弱き組織はいずれ強い組織に凌駕され、吸収されるか、あるいは所払い、つまりその地区から追い出されるかという運命を辿る。

一般の会社でも合併劇が起こった時、吸収された側は傍流に追いやられ、冷飯を食わされるが、ヤクザの世界も同様である。例えば、大きなA組がB組を吸収した場合、B組はA組へ上納金を納めなくてはならなくなるし、B組長自身がA組本部事務所の当番頭などとして、当直につかなくてはならなくなったりする。また、吸収された直後は忠誠の証として、A組と対立するC組への攻撃に、まずB組が鉄砲玉として使われるのが常道である。

「鶏口となるも、牛後となるなかれ」なのである。

二つ目は、組内部の主導権争いである。特に、ナンバー1である組長（会長）やナンバー2の若頭の座をめぐっての骨肉の争いがある。

かつて山口組が一和会に分裂し、四代目山口組竹中正久組長が射殺された事件や、五代目山口組宅見勝若頭が神戸のホテルで射殺された事件などは、世間の記憶に残るところである。また、最近まで福岡県を中心に続いていた道仁会と九州誠道会（現・浪川睦会）の抗争の発端も、各種利権に加え、道仁会三代目会長の継承をめぐっての争いとされる。

トップの組長（会長）は、ナンバー2以下を破門・絶縁できるという伝家の宝刀を握っている。猿は木から落ちても猿だが、一旦破門・絶縁となれば、議員が選挙で落選するとただの一般人になるのと同じで、二次団体以下の組長を含め上級幹部組員もただの素人となる。対立組員はもちろんのこと、それまで配下にあった組員までもが所持金・資産を狙ってたかり丸裸にするだけでなく、時として金目当てでなく、それまでいじめられた恨みを晴らさんとばかりに殺傷に及ぶ場合も稀ではない。

先の大戦で、ビルマなどの南方戦線で終戦を迎えた下士官や若年兵が、それまで威張り散らして暴力を振るっていた上官、古年兵を移送中の船の看板から、海蛇が群がる海中へ投げ落としたと言われるが、それと同じようなことである。

従って、破門・絶縁になりそうな者は、その前に組を出て新しい組を立ち上げ、時として、かつて所属した組に先制攻撃をかけるなどして生き残りを図るのである。

また、若頭は次期ナンバー1となるポストであることから、ナンバー1が高齢や病気で先が長くない状況になった際に若頭が不在であれば、そのポストをめぐり熾烈《しれつ》な争いが没発する。特に組織内に二大派閥がある場合は、いわゆる内部抗争へと発展するのである。

どうして組を抜けられないのか

組を強制的に離脱させられる処分として破門・絶縁がある。その理由としては、組が御法度《ごはっと》としている覚醒剤に手を出す、服役中の他の組員の女房を寝取る、などがあるが、一番多いのは金の持逃げなど金銭関係のようである。

他に、高齢や病気で活動ができなくなった場合には除籍が認められることもある。また、組員が堅気になると決意し、組織に願い出る場合もある。組長が理解を示したり、また有力幹部の口添えがあったりして、お咎めなしで離脱できる場合もあるが、時として映画の世界さながら、リンチにあったり、エンコ（指詰め）して指を差し出したりする場合もままある（暴対法で指詰めの罰則規定ができてからは減少したようである）。また、離脱条件として、一定額の金を支払ったうえ所払いになることも多い。

このように、組を抜ける時は相当な肉体的・精神的苦痛を伴い、時として命さえ取られることもあるが、その理由は、

・容易に離脱を許すと、ドミノ式に追随者が出て組の弱体化につながる

・その組の構成員の名前、居場所、さらには資金獲得活動、例えばみかじめ料を取っている店の名前や覚醒剤の取引状況、拳銃の隠匿場所などの秘密事項が警察や対立組織に漏れる可能性が出てくる

などである。

暴力団は政治に影響を与えるか

先に紹介した『暴力団』の中で、著者の溝口氏は、

「暴力団が政局を左右するような力を持っていないことは常識的に分かります。（略）警察庁の方針も都道府県の暴力団排除条例の制定も、暴力団に不利になるような動きばかりです」

と述べている。

国政に関しては、概ねその通りだと思う。ただし、過去に遡って国会議員、大臣などのすべてが暴力団と全く無関係であったかと言えば、元暴力団員であった者もいたし、現在も密接な関係を有している人が皆無ではないのが実状だろう。

これが、県議会議員、市町村議会議員と地域密着型になるにつけ、地元利権と癒着し、そこを根城とする暴力団員と親交を有する者の割合は大きくなってくる。福岡県でも政治介入のため現役幹部が組を抜けて議員となったり、あるいは親交者を立候補させ、すでに何期も務めて自治体内で大きな影響力を持つに至っている例もある。

ではなぜ、暴力団がその構成員を意図的に離脱させ、議員に当選させたり、既存議員に接近して密接な関係を築こうとするのか。

暴力団側のメリットとしては、議員を通じて自治体の各種情報――道路工事、学校・病院などの建替工事、老人福祉施設の建設工事、大型商業施設、スポーツ施設の新設工事や用地買収、海中埋立てに伴う漁業補償など――をいち早く入手できることである。

そして暴力団や議員の力を背景に、元請けのゼネコンや下請けに割振る名義人、時には工事を発注する市町村長などの首長や入札指名委員会のメンバーに対し、フロント企業（暴力団やその関係者が資金獲得のため経営する企業）や親交建設業者が落札、あるいは下請け工事に入れるよう圧力を掛け、その工事代金の一部を獲得するのである。

最近ではインターネットを利用しての一般競争入札が増加したことから、特定の業者を落札させることは難しくなってきているが、例えば、特殊な工法が用いられるトンネル工事などは、その能力を有する大手のゼネコン・マリコンしか参入できない。また、落札して元請けに入らなくても、二次請け、三次請けとして受注すればよいわけで、暴力団としては入り込む余地が充分に残されているのである。

逆に、議員側のメリットは選挙である。市町村議員の場合は数百票から数千票で当選するため、暴力団の支援による組織票の力は大きなものとなる。

通常、例えばA党所属の市町村議会議員の支持者は、A党系の県議会議員、さらには国会議員に投票するが、これと同様、暴力団と親交のある市町村議会議員の票は、暴力団と親交のある県議会議員・国会議員にも流れることとなる。国政選挙でも、暴力団が例えば建設業界などに圧力をかけ、接戦が予想される場合の当落に影響を与えているとも言われる。

米国でも、かつてコリン・パウエル氏（元国務長官）が大統領候補として取りざたされた際、マフィアから家族の生命に危害を加えると脅され、出馬を断念したとも言われているし、また、南米コロンビアの女性法務大臣も、子供の命を保障しないとの脅迫を受け、辞職を余儀なくされたりと、マフィアや武力集団が国政中枢に重大な影響を及ぼした例もある。

また、イタリアでは、約三十年前にマフィアが猛威を振るい、これを阻止しようとした司法当局の検事、裁判官や警護に当たった警察官など多数の者が殺害された。その後、当局の懸命の取締りで多くのマフィア幹部らをイモづる式に検挙・服役させ大きな成果をあげたが、完全に駆逐できたわけではなく、未だ一部が残存し、当局や市民との闘いが継続しているという。

我国の暴力団は現在のところ、特定の政党や、国政に影響力を持つ政治団体などとは組織的な関係を持たず、法律制定などに影響を及ぼすまでには至っていないと思われる。しかし、先ほど述べたように、一部の地方では市町村レベルで相当な力を持ち、地方自治体の政策決定や運営に少なからず影響を及ぼしている。

日本の暴力団と外国マフィア

約三十年前、ある雑誌に、日本を初めて訪れた英国人が感じた、日本の三大不思議が掲載されていた。

・コーヒーやジュースなどの自動販売機が、津々浦々、数十メートルおきに、しかも大した盗難予防設備もなく設置されていること（さらに、ホットとクールが同じ販売機の中にあるのがとてもクレージーに映ったという）

・京都の禅寺からほどなく歩くと騒々しさ極まりないパチンコ店があるなど、静謐さと騒々

しさが無造作に隣接していること

・都会の繁華街で少し路地に入り込んだ所や、地方のＪＲ駅近くのビルに暴力団事務所の看板が掲げられていること

私は外国のマフィアとは接したことがないので、新聞や本・雑誌などの文献でしか知らないが、両者の差については溝口氏の著書『暴力団』に元警察庁刑事企画課課長補佐・山崎裕人氏の論文が引用されていた。

「日本社会における暴力団とアメリカ社会における組織犯罪とを比較して、その最大の相違点は、公然性と非公然性であろう。我が国の暴力団は、その存在については、組の事務所を市街地に開設し、代紋を堂々と掲げるなど、一般市民の十分知るところであり、また、暴力団各組内の機構や序列、その行動などについても、相当部分が把握されている。一方、アメリカの組織犯罪は、正に徹底した秘密組織であり、組織の全容は厚いベールに覆われている。したがって、組織に関する情報は、組織内協力者や事件検挙時の資料等断片的なものしかなく、これらをつなぎ合わせていくことによって、犯罪組織を類推するほかないのである」（山崎裕人「アメリカにおける組織犯罪の実態と対策」「警察学論集」一九八三年一二月号〜八四年四月号所収）

また、アメリカとの国際会議の席上、アメリカ側から、「なぜ犯罪組織の結社を認めているのか。なぜ犯罪組織が街の中に公然と事務所を持っているのか?」と質問され、日本の警察官はすべて押し黙ってしまったという(鈴木智彦「暴排条例で進む暴力団の『犯罪集団化』」、『暴力団のタブー』(宝島SUGOI文庫、二〇一四年)所収)。

この差違は、外国においてはマフィア組織の存在自体を違法としているのに対して、日本ではその存在自体を違法としていない、つまり、その属性ではなく行為のみを取締り対象とするからに他ならない。暴対法で暴力団そのものを違法としなかったことについては、

・暴力団自体を違法化する規定を設けると、やがて暴力団以外の市民団体も取締りの対象となると主張するリベラル政党、学者などがいるため、暴対法そのものを立法化できなくなってしまうこと

・マフィアへの転換が危惧されること

・我国の暴力団には、薄らいだとは言え仁侠道志向が残っており、反社会的であるとともに、歴史上の侠客のように一部社会に容認された存在としての一面も残っていること

などの点から反論・説明すればよかったのではないだろうか。

メディアなどで報道されている、外国のマフィアや武装暴力集団(宗教色のあるイスラム集

団などは除く）の存在・活動状況は概ね次のようなものである。

・民主主義や国家統治の基盤が高度に整っている西側先進国のイタリア、アメリカなどにおいてもマフィアが存在する。特にアメリカにおいては、ＦＢＩ・ＣＩＡなど内外の治安を守る強力な機関があるにもかかわらず、である。つまり、アル・カポネなどが暗躍した二十世紀初頭から存在する組織を潰すのは相当に困難である

・一方、イギリスやドイツ、フランスのように、同じ西側の自由民主主義国家であっても、小さなギャング・グループはいても組織化されたマフィア集団が存在しない国家もある

・中国やロシアのように長らく共産党独裁型の中央集権国家であった国においても、国家と癒着し、あるいは治安の間隙を巧みについてマフィアが存在する

・メキシコやかつてのベネズエラ、コロンビアでは、麻薬、コカインなどの密輸を扱う巨大な暗黒武装集団がヘリコプターや潜水艦まで所有し、国家の軍隊と渡り合う絶大な力を持っていた。我国で言えば数県にまたがる地域が慢性的な無法状態となっているような所さえあった

・イタリアにおいては前述のように、一九八〇～九〇年代にかけて、取締り当局VSマフィアの壮絶な闘いが繰り広げられ、取締の責任者であった辣腕検事や警察官など複数の人物が相次いで殺害された。当局は怯むことなく懸命の取締りを続け、マフィアに大きなダメー

ジを与えたが、それでもマフィアは存在し続けている

これらの報道が示すように、人間の歴史とともに存在してきた反社会的集団の根絶は極めて難しく、いたずらに存在を違法視すると非公然化し、その凶暴性・残忍性をますます先鋭化させ、より危険な集団へと追い込む結果になることから、我国では、一定の条件のもと反社会的集団の存在を認め、これを国民の有視界内に置いて牽制していくのが、より現実的でベターであるとの考えがかなり支配的であり、暴力団をマフィア化させたくない最大の理由もこの点にあるとの説明を行えばよかっただろう。

とはいえ、もし仮に、将来日本の暴力団のマフィア化が進み、取締り当局に対して壮絶な闘いを挑んできた時にどうするか。現在の警察・検察にはその覚悟と準備があるとは思えないが、そのような事態に至った時は、このイタリアの尊い教訓から学び、それを生かすべきである。

なお、イタリアにおいては現在も、当局と市民が一体となったマフィア対策が進められているようである。平成二十年二月八日の「朝日新聞」に、この状況の一端を示す興味深い記事が掲載されていたので紹介する。

〔反マフィア　店主の乱〕

パレルモ中心部のビルに昨年10月、新しいパブがオープンした。経営者のフランチェス

コ・テリアーカさん（30）にとって2軒目の店だった。（略）
初めて店を持ったのは北イタリアでの学生生活を終え、故郷のパレルモに戻った05年11月。開店前から数人の男がしつこくやって来て店の計画や資金について尋ねた。みかじめ料の要求だった。
はぐらかし続けて男たちがあきらめたと思ったら、警察が来た。内装や設備の不備を理由に高額の罰金を科された。「警察の知人に『マフィアの要求に応じなかったからだ』と言われた。癒着ぶりに勇気をなくした」。1週間で店を閉めた。今回は市民団体「アディオ・ピッツォ」（さよなら、みかじめ料）の加盟店になった。（略）
アディオ・ピッツォはやはりパブ経営を夢見ていた若者7人が04年に始めた。みかじめ料が不安で開店を断念し、横行を批判する小さなステッカーを街のあちこちに張り始めた。当初は冷たかった商店の反応が変わるきっかけは警察のマフィア摘発だった。06年4月、「ボス中のボス」として13年間君臨したベルナルド・プロベンツァーノ受刑者（75）が逮捕され、同月、拒否店リストの公開に踏み切った。
運動が実り始めたのは昨年だ。9月、シチリア産業連盟の理事会が「警察に通報しないでみかじめ料を支払った企業の会員資格を剝奪《はくだつ》する」と決めた。イタリアを代表する経済団体の地元組織。企業の8割がみかじめ料を支払うともいわれた島に、衝撃が広がった。

（略）

マフィアも黙ってはいない。

東部カターニアで昨年8月、建設会社に4日続けて焼夷弾が投げ込まれ、多くの機材が焼けた。売り上げの3％のみかじめ料を拒んでいた。（略）

いま、報復の標的となりそうな有名店・企業や産業連盟の幹部には私服警官が2人1組で24時間の警護にあたっている。

マフィアが危機感を抱くのは、みかじめ料拒否と警察の組織摘発が同時に進んでいるからだ。

昨年11月には、プロベンツァーノ受刑者の後継者、サルバトーレ・ロピッコロ容疑者（65）も逮捕された。みかじめ料徴収の総元締だった。先月16日には、みかじめ料をめぐる大規模な摘発で39人が一斉逮捕された。

マフィアは政治家と気脈を通じて国を支配する――人びとはそう信じてきた。当局への通報は内通者によってマフィアに漏れる。「沈黙の掟」が市民をも支配した理由だ。（略）

アディオ・ピッツォのメンバーで旅行ガイドのエドアルド・ザフートさん（32）は「運動を始めたころは『みかじめ料のことを口にできるのは、あんたが店を持たないからだ』といわれた」と振り返る。マフィアと組んだ警官がいなくなったわけではない。「でも、

やっと『国は味方だ』と思えるようになった」（略）

州議会議員のリタ・ボルセリーノさん（62）は「マフィアにとってみかじめ料は縄張り支配の重要な道具だ」と話す。議員の兄パオロ・ボルセリーノ検事（当時52）は92年、警護の警察官5人とともにマフィアに爆殺された。「いまは民間、行政の支援が広がり、マフィアに抵抗する難しさは、あのころとはまったく違う。一人ひとりが社会的責任を考えなければならない」

それでもヤクザに求めること

江戸時代、幕府はヤクザを岡っ引きとして利用した。また終戦後も、国は外国人や左翼の騒乱抑圧にヤクザを利用、その見返りとして博徒や的屋は大目に見て、彼らの生きる道を残してやったと言われている。

そのような背景もあり、ヤクザはお上である警察を立て、事件を起こした際には犯人を出頭させるなど協力してきた。出頭日は約束の日より平気で数週間遅れることもあったが、とにかく出頭させてきたのである。

また、警察官はもとより一般市民に危害を加えない、仲間うちの女には手を出さない、薬

（覚醒剤）には手を出さないなどの御法度があった。薬については、それを扱うと、どうしても自ら使用するようになり、平気で嘘をついたり、ぼじれた（精神錯乱状態になること）挙句、他の組と抗争になるようなことをやらかしたりするため、組長の強い方針でそれが遵守されている組もある。しかし、重要な資金源であり、背に腹は代えられぬとして黙認している組も多いのが現状だ。

私は約三十年前、福岡県北九州地区で暴力担当係員としてデビューした。当時、市民や警察を襲撃することも皆無ではなかったが、極めてレアなケースであった。

ヤクザを社会の一員として見た場合は当然悪い輩であるが、個々を一人の人として見た場合、同情すべき点が多い者、世間の平均的な者より人間味溢れる者もいる。前述のように、彼らの多くは、親や身内がヤクザであったり、幼少期や少年期に親と死別したり、親の離婚で生き別れになったりと、人生の出発点で社会的・経済的に大きなハンデを負っている。学校もロクに行けず、社会に出れば低賃金・単純労働に従事せざるを得ず、そのうち自棄《やけ》を起こし少年院、刑務所務めとなり、出所後、服役中に知り合ったヤクザを頼ってそのまま組に加入した者がかなりいる。

幼少年期に耐乏生活を強いられ、苦労したが故にゆがんだ一面を持つ反面、人情の機微《きび》に敏《さと》く、義理堅い者も多い。高学歴で一流企業役員の肩書きを持ち、年収数億円を稼ぎながら、地位も名誉も未だ足らずと強欲主義に走る者たちよりも、よほど人間的に憎みきれない者もなきにしもあらずである。

とはいえ、一般市民にとっては、ヤクザの存在自体がやっかいで迷惑なものである。道ですれ違えば譲らなくてはならないし、マンションの隣室同士になれば、なるべく音を立てず、目を合わせないようにして暮らさなければならない。暴力を背景に、財産はもちろん、人間として大切な生命の安全や自由意思までもが侵害される可能性があるからだ。

警察や検察などの取締り機関はもちろんのこと、暴排活動などを推進する国や各自治体も含め当局は暴力団壊滅に向けて頑張っているが、真の弱体化、そして壊滅への手応えを得るには、少なくともあと半世紀は要するであろう。

そうであれば、その間、彼らには次のようにあって欲しいものである。

①袖（腹）七分で生きよ！

②裏社会で生きよ！

③ヤクザの美学を忘れるな！

①袖（腹）七分で生きよ！

もともと働かず、人様の上がりを掠《かす》って生きているのだから、人様より贅沢な生活をすること自体が道理に反するというものだろう。厳寒の荒海で魚を獲る人、猛暑の中で額に汗して田畑を耕す人、転落の危険を冒して高層ビルを造る人……ここまで極端ではなくても、社会のためになる建設的なことをやっていないのだから、少しぐらい我慢するのは当然である。

前出の『暴力団のタブー』の中で、昔のヤクザの生活ぶりの一端を語っている藤本勝也弁護士の言葉を引用させてもらおう。

博徒にせよテキ屋にせよ、ヤクザというのは昔から、生活の楽な人はそれほどいなかったんです。市井で庶民と一緒に貧乏しながら踏んばっていたから、任侠道が評価されたりもした。

それがバブルの時には、不動産デベロッパーと地上げで協力して、莫大なカネを稼いだ。そしてベンツを乗り回し、でっかい家に住むようになった。（略）「ヤクザは金儲けができるんだ」というふうに勘違いしちゃった。

そう言えば、私が駆け出し刑事の頃、地元にある暴力団の初代会長で、九州の大親分と言われた人の住まいは決して立派とは言えない長屋風の家だった。また、その右腕であり後日、二代目となった人が、よく古びた自転車に乗り、俠客然として街中を散策していたのが記憶に残っている。

②裏社会で生きよ！

現在の暴力団の原形は、終戦後の博徒や的屋、青少年不良団（愚連隊）であったが、彼らはその名が示すとおり、博打、お祭りや縁日に出る露店、それにプロレスや芸能興業の仕切り、港湾や炭鉱の人夫出しを生業《なりわい》としていた。それらに加え、管理売春や覚醒剤の密売などが大きな収入源となっていた。

その後、昭和四十年代の半ば頃から、自らあるいは企業舎弟*を使って小規模ながらも会社（フロント企業）を立ち上げ、一般人に交じって通常の商取引などを行う、いわゆる表経済への参入が著しくなった。特に昭和六十年代から平成初頭のバブル期前後には、不動産取引、株式・証券取引、官民の大型工事への活発な参入などにより巨額の利益を得るようになった。そして、伊藤萬（イトマン）や蛇の目ミシン工業をめぐる事件など、上場企業への侵食が大きな社会問題となり、山口組と一和会の抗争などと合わせて、暴対法のドタバタ成立の大きな要因になったと思われる。

*企業舎弟

構成員、親交者など暴力団と一定の関係を持ち、その威力を背景に企業活動を行い、その利益の一部

を暴力団に供する者

闇社会の表経済への侵食、影響力の拡大は、国家の基盤となる社会・経済秩序を蝕み、脆弱化させ、治安悪化→さらなる経済の縮少と負のスパイラルに陥り、ひいては国家を滅亡させる。

現在、暴力団の壊滅を目指し、国は暴対法を、県など各自治体は条例を盛んに作り、相当の成果はあげていると思われる。しかし、これらはあくまで対症療法で根治療法とは言い難く、一部暴力団のマフィア化や凶悪化などの副作用も生じてきている。ヤクザのマフィア化とそれに伴う市民の犠牲も厭わず一気に壊滅を目指しているのか、それとも一旦、表社会から裏社会へ押し戻して、その上での壊滅再開というソフトランディングを目指しているのか、よくわからないという声も聞かれる。

後者を選択した場合、積極的でないにしろ、暴力団の存在を一時的に当局が是認するというモラルハザードの問題も生じる。また、裏社会に押し戻したところで、その後どう弱体化、壊滅させるかは難しい問題となろう。ただ、いつも拳を振り上げて声高に暴力団壊滅を叫ぶより、後者を選択した方がベターだという意見もある。

③ヤクザの美学を忘れるな！

私が警察官を拝命した昭和五十二年頃は、学生運動のピークは越えていたものの、成田闘争

（管制塔侵入事件、昭和五十三年三月）などの事件もあり、警察内部においては警備警察が主流派であったと言える。

私は警察学校に入った時から、将来は暴力団を担当する刑事を希望していた。将来的には左翼運動より暴力団の方が社会の根幹を揺るがす存在になると感じていたし、暴力を売りに命を張って生きている集団を取締る暴力犯係こそが、警察の仕事の中で最も困難でやり甲斐のある仕事、格好よく言えば男の勝負ができる仕事だと思ったからである。

それ故、相手がただのくだらない連中であれば、暴力担当刑事であることが誇れなくなる。これは彼らにとっても同じことで、どうせ捕まって懲役に行くなら、一目置く刑事に捕らえられ、取調べを受けたいと思うものである。また、刑事は、自分が取調べたヤクザが、その後、ヤクザ街道で名前を売ると「出世したもんだな」と感心するし、反対にヤクザも、自分を捕まえたぺいぺいの刑事が、特捜班長などとして活躍するのを期待する。このように妙な感情が生まれたりするのも事実である。

ヤクザがどんな立派なことを言っても、裏で素人衆から金を吸い取っているのはわかっている。それはそれとして、無用な殺傷はしない、筋を通す極道であって欲しいと思うのである。

素人には危害を加えない、お上には一段下がって接する、仲間の女には手を出さない、盗人はしない、薬はやらない……これらの掟が昔からそれなりに守られてきた。特に最初にあげた、素人衆からカスリは取っても、危害は加えないというのは最高の美学で、私が現役中の約三十年前、皆無ではなかったが、ほぼ守られていた。戦争の時でも、捕虜となった者には危害を加えない、化学兵器は使用しないなど、守るべきことがある。

しかし最近、特に福岡県北九州地区では、これが守られなくなってきている。ルビコン川を渡ってしまったのだ。

ヤクザは、男を売ってナンボの世界であることは、昔も今もそう変わらないと思っている。昔は組事務所に行けば、組長から若衆に至るまで名前を書いた木札が壁に掛けられていた。新規加入組員は末端に掛けられ、服役中の者は赤札にしてあったから、組の状況が一目瞭然であった。

そして例えば、ある組員の逮捕状を取った時、午前中に組事務所にブラリと立寄り、出されたお茶を飲み、駄法螺《だぼら》を吹きながら名札を確認、たまたま、その組員が泊まり番とわかれば、一旦署に戻り午後（だいたい午前十一時頃が彼らの交替時間となっていた）から逮捕状を持って捕まえに行ったりしていた。

さすがに当番頭から、「さっきお茶なんか飲んどって、たいがいにしとって下さいよ」などと文句を言われたりしたが、「警察は捕まえて何ぼの仕事や」と言うと、「素人から唄《うた》われた（被害事実を警察に通報された）んですけ、かましが足らんかったとでしょうね」などと、いたくあっさりとしたものであった。往生する時はスパッとする。これもヤクザの美学の一つであろう。

子分が親分に惚れ、弟分が兄貴分を慕う。また夜の蝶が、親戚縁者から後ろ指をさされることを承知でヤクザの女となるのは、巷の男にはない危うさと、節目を通す、時代遅れの無器用な面に惹かれるのかもしれない。

この件に関しては、前出の『暴力団のタブー』から、長年にわたりヤクザを取材し続けているフリーライターの鈴木智彦氏の記述を引用して終わりにしたい。

この抗争（道仁会VS九州誠道会）でわかったことがいくつかある。

一つ目が、双方、ターゲットにするのは組員だけだったということだ。家族や愛人、子供や親せき……トップや最高幹部のみならず、合計47件の抗争事件のなかで、関係者が襲撃を受けたことはなかった。（略）この点、関係者を容赦なく殺害する海外犯罪組織と暴力団は明確に違う。

また、不良外国人を手先に使うこともなかった。万が一関与がめくれ（バレ）れば、組織の名誉に関わるからだ。無軌道に見えて、そこにヤクザの美学が確かにあった。

どうしたら暴力団を壊滅できるか

私は昭和五十二年に警察官を拝命、平成二十五年に退職するまでの約三十七年間、仕事を通じて直接・間接にヤクザを観てきた。それ以前、終戦後の昭和二十〜四十年代にかけてのことは、先輩の話や文献の中でしか知らないが、推測を交えて言うと次のようになる。

昭和二十年代はGHQ統制下、警察は国家地方警察と自治体警察に分かれていた。総合力という意味で現在より相当に弱く、外国人暴動や左翼勢力の実力闘争の抑えとしてヤクザを利用したと言われる。また、当時のヤクザは各地に小規模集団が存在する群雄割拠状態であり、国から見てもそれほどの脅威とは言えなかったであろう。

昭和三十年代に入って世の中が落ち着きを取戻し、神武・岩戸景気を経て経済的に発展するにつれヤクザも膨張していく。昭和四十年前後には、警察が山口組などに対する第一次頂上作戦を実行せざるを得なくなるほど、その勢力が増加した。しかしながら、国家の第一次的脅威は、昭和三十年代中盤の安保闘争、昭和四十七年に発生した赤軍派による浅間山荘事件に象徴される左翼勢力であった。

私が初めて暴力団担当係員になった昭和五十八年頃、福岡県警察本部刑事部の捜査第一課から捜査第三課までの各課長・次席の階級はいずれも警視であったが、暴力団を担当する捜査第四課の次席はワンランク下の警部であった。相対的に暴力団対策は重要視されていなかった、つまり暴力団をそれほどの脅威と位置付けていなかったことになる。

その後、昭和六十年代から平成初頭にかけてバブル経済となり、ヤクザが跳梁、山口組も東京を含め全国的な勢力拡大が進んだ。また、シノギの対象としての表経済への侵食がますます著しくなった。このような状況と相次ぐ暴力団抗争に国は危機感を募らせ、平成四年、暴力団対策の〝新薬〟として暴対法が急遽施行された。

同法が施行され二十数年が経過して、前述のように全国の暴力団員は約三万人減少、また抗争も特定の地域を除いて減少した。その反面、三大勢力への集中化、一部の暴力団の凶悪化などを見る時、真の弱体化や壊滅に向かっていると、胸を張って言うことはできないだろう。

前述のように、昭和二十年代の警察の体制が盤石でない時に外国人暴動対策などで暴力団を利用したとされるが、少なくともそれ以降、第一次頂上作戦（昭和三十九～四十四年）、第二次頂上作戦（昭和四十六～四十七年）、第三次頂上作戦（昭和五十年頃）の際には、暴力団の跳梁に危機感を覚え、これを抑え込むべく相当な決意で時の警察力を結集し、かなりの打撃を与えたことは事実である。

私が警察官になった昭和五十二年は、ちょうど第三次頂上作戦直後の頃であり、「暴力団の勝手放題は許さない。事件を起こせばキッチリ捕まえる。警察の統制下に置いておく」という姿勢であった。さりとて、本当に彼らを潰すための人員・装備・体制の充実や法の整備を喫緊の課題とし、グランドデザインを描いていたとは思えないのである。

直ちにとはいかないまでも、将来的には暴力団を弱体化・壊滅させようと本腰で取り組み始めたのは、やはり暴対法施行を境にしてであろう。

それまでは世間の人も、賭博や売春をネタにする暴力団を何となく許容する雰囲気があった。警察も、彼らが昔から、繁華街の飲食店や風俗店などをメシの種にしていたことがわかっていながら、店に資金提供拒否の指導をすることはあっても、一軒一軒、厳しくその拠出の有無を確認することはなかった（もちろん、拠出を拒否する店に対して恐喝行為などに及んだ場合は厳しく検挙する方針で臨んでいた）。ヤクザの方も、このような状況をお上のお目こぼし、暗黙の了解と受け取っていたと思われる。

ところが、暴対法でそれが一変してしまった。平成四年施行の暴対法の第九条には、みかじめ料、用心棒代など十一項目（その後追加され、平成二十四年には二十七項目となっている）の経済的要求行為の禁止が規定されて中止命令の対象となり、この命令に従わない場合は検挙されることとなった（平成二十四年の改正により、「一年以下の懲役若しくは百万円以下の罰金」がそれぞれ「三年以下」「五百万円以下」に引き上げられた）。刑法の恐喝に当たる言動がなくとも、中止命令の対象として処罰され得ることとなり、暴力団が従来から行ってきたシノギ活動に相当の制約を与えた。

暴対法は暴力団自体を違法とはしないまでも、その制定により対決姿勢が鮮明になったと言える。

その後同法に追加制定された、抗争などで銃器を使用して第三者に被害をもたらした場合の、代表者などの損害賠償責任追及の規定により、民法の使用者責任を援用せずとも直截《ちょくさい》的に損害賠償を請求できることとなった。これは暴力団に経済的ダメージを与えるとともに、彼らの専売特許である暴力行使の抑制に大きな効果をあげている。

その一方で、先述のように、三大勢力への集中や一部暴力団の凶悪化など、むしろ病変重篤化の傾向も見られる。癌治療にたとえれば、一般の癌細胞はかなり縮小したが、幹細胞*は依然として巣くっているというところであろうか。

＊幹細胞
自己複製機能と様々な細胞に分化する能力（多分化機能）を持つ特殊な細胞。暴力団で言えば、より悪質な構成員、組織。

もともと暴対法は、対象を消失せしめる特効薬とまでは言えず、一つの新しいタイプの新薬であり、抗癌剤が他の治療――外科手術、放射線治療、最近では免疫療法など――とともに用いられて初めて効果を発揮するのと同様、他の施策と相まってしか充分な効果を発揮できない。しかも、すべての種類の癌に対してではなく、ある特定の早期発見癌にしか有効とは言えないのである。

また、暴対法をボクシングにたとえればボディブロー、戦争の戦闘行為にたとえれば小・中火器による援護射撃となるであろう。敵を撃滅するには、敵の規模、動向などの事前把握、重火器による集中攻撃、敵地に乗り込んでの白兵戦、逃走を図ろうとする者の捕獲など、総合的に遂行しなければ成功しない。

暴対法施行後、暴力団の行動・実態の把握がより難しくなった。また、彼らを攻撃する〝重火器〟であるはずの刑法・刑事訴訟法は、集団犯罪仕様になっておらず、背後に隠れている中核部に命中しにくい。また、たとえ命中しても、その量刑は比較的軽いため充分な打撃を与えきれなかった。

先の大戦では、旧陸軍の白兵戦の訓練・装備はソ連を対象とし、厳寒のシベリア向け仕様となっていたが、実際の白兵戦の舞台は硫黄島やガダルカナル島など主に南方熱帯地方であり、対戦相手も水陸併用訓練が充実していた米軍で、勝手が違い大打撃を蒙った。暴力団対策においても、逮捕・捜索・取調べなどの場面で必要な法整備――司法取引き、通信傍受、証人保護プログラム制度など*――が不充分であり、また現場を知り尽くした経験豊富な指揮官の不足も隘路となっている。

また、戦場で生け捕った捕虜に集団逃走されてしまうように、暴力団から離脱した者への保護、社会復帰への支援が不充分なことで、少なくない数の再加入を引き起こしている。

＊証人保護プログラム制度
アメリカ合衆国で、法廷や諮問委員会における証言者を被告発者による制裁から保護するために設けられた制度。もともとはマフィアの「血の掟」によるお礼参りから証言者を保護するために制定された。該当する証言者は裁判期間中、あるいは生涯にわたり保護される。その間の居住先は国家最高機密で、生活費などはすべて政府から支給される。

暴力団を弱体化、ひいては壊滅するには、
・現在いる構成員などを一人でも多く検挙し、長期にわたり服役させて社会から隔離すること
・新たな加入を防止し、組を離脱した者は更生させ、再び組織に戻らないようにすること
が何より必要である。

特に後者については、『暴力団』の中で溝口氏が、

「日本では証人保護プログラムも刑事免責制度も司法取引も認められていません。警察は組員に提供できるお土産をなにひとつ持っていないのです。これでは組が服役者に行う弁護士派

遣や服役中の差し入れ、留守家族に対する手当ての支給、服役後の好待遇などに対抗できるわけがないのです」

と指摘しているように、日本の警察などが持つ武器は充分とは言えない。

組織力プラス暴力で外部を圧倒し、内部を鉄の規律で縛る集団に対しては、それ相応の武器となる法律の改正・整備が急務である。例えば次のようなことが考えられよう。

・主力となる刑法・刑訴法で、より捕らえやすく、より立証しやすくするため、共謀罪の新設、司法取引の制定、挙証責任の転換（後述）などを図るとともに、犯罪の事前抑止や再犯防止のため重刑化の促進を図る

・暴力団対策を主眼として制定された組織犯罪処罰法、通信傍受法などの実効性を高めるため、要件緩和などの改正を行う

・暴力団対策の要《かなめ》（肝）である被害者・参考人保護のために、これらの者に対し被疑者・被告人と同様の証人保護プログラム法を制定する

また、溝口氏は『続・暴力団』（新潮新書、二〇一二年）の中で、暴対法及び暴排条例の効用を認めた上で、暴対法が暴力団そのものを違法としなかったことについて次のように厳しく指摘している。

「民主国家であるはずの日本が暴力を常習とし、暴力を生業とする集団の存在を認める法律

を持っている奇怪さ、グロテスクさになぜ目が行かないのか、不思議です」

「暴力団が違法の存在なら、住民や地元企業が先頭に立って暴力団と向き合い、命がけで対決するのではなく、すっきり警察が暴力団と対決する構図ができあがります」

ただ、暴対法制定時、立法者はこのような批判を承知の上で、取り急ぎ制定せざるを得なかったと思われるが、「暴力団を違法の存在」と規定するためには次のようなことがネックになる。

・結社の自由の侵害とする、リベラル学者や一部弁護士らの反対
・暴力団のマフィア化への危惧

とりわけ、後者の懸念にどう答えるかが問題であるが、溝口氏は『暴力団』で、

「犯罪グループはいつでも、どこの国にも存在します。諸外国はそれぞれのやり方で犯罪グループに対処しています。大きな問題は生じていません。暴力団がなくなると、マフィアに変質して大ごとになるという見方は現状を固定化して、現状をよしとすることに通じます」

との参考になる意見を述べている。

もう一度原点に立ち返り、日本の暴力団がマフィア化する可能性と社会に与えるダメージを多角的に分析・予測し、その結果、やはり暴力団は違法であると規定せざるを得なくなる時が、そう遠くない日に来るかもしれない。そして、マフィアへの変貌を想定し、結社そのものを規

制する方向に舵を切る時がやって来るかもしれない。

しかし、組織犯罪集団を違法とする法律を持つイタリアにおいても、先述のように一九七〇年代から九〇年代にかけて、検察・警察などの取締り当局とマフィアとの壮絶な戦いが繰り広げられ、多数の犠牲者を出した。その後、検事や警察官らが命掛けで挑み続けた結果、マフィアが国政にまで大きな影響を与える時代は終わり、その脅威は相当に低減しているようである。

これまで述べたように、暴力団の真の弱体化、壊滅を目指すには、既存の法律のさらなる整備、組織犯罪に有効な新法の成立などが求められる。また、組からの離脱者に対しては、小手先の対策ではなく、多少費用がかかろうとも離脱後数年間は国家が養うというぐらいの、もっと真摯な取組みを推進する必要があるだろう。そして図らずも、過去にイタリアが経験したような全面対決となった場合に、警察・検察・裁判所などが強力に連携し、文字通り生命を賭して闘う準備を、今から整えておくということになろうか。

暴力団の行方

先に、「暴力団が弱体化もしくは壊滅するまでには少なくとも半世紀は要するであろう」、「そうであるならば、その間の暴力団は袖（腹）七分、裏社会で生きよ。またヤクザの美学を忘れるな」と述べた。現在、ヤクザは暴対法、暴排条例などで社会的・経済的に締めつけられ、シノギが縮小して構成員は漸減、零落しつつあるようにも見える。しかし、本当に半世紀後、つまり五十年後にこの社会から消し去ることができるだろうか。

暴力団が存在しない社会の実現を目指し、たゆまぬ努力を続けなくてはならないが、ファシズム・独裁国家ならともかく自由民主・資本主義の社会で、暴力団やマフィアのような組織犯罪集団を根こそぎ絶滅させることの困難さは、イタリア、米国など諸外国の例で見たとおりである。識者の中には、我国の暴力団の現状とその行方について、

「もはや構造不況業種で、行き着くところまで行ってしまっている」

「今の暴力団は上層部の贅沢を支え切れなくなり、土台から崩れ始めている」

「そう遠くない時期に四散して、いくつかの小犯罪集団・グループとなるだろう」

とする見方もある。一方で、

「暴力団の力を頼りにする人間がいる以上はなくならない」

「一般社会が暴力団との交際や利益供与を完全に断つのは言うほど簡単ではなく、今後も暴力団とのつながりを相当数の者が持ち続け、彼らを支え続けるであろう」

「暴力団自身も、ヤクザを辞めたら他に仕事もなく、そのまま座して死を待つわけにはいかないだろう」

などとして、そう易々と消滅しないとの意見も根強い。

特に私の勤務した福岡県にあっては、前述のように暴力団員数は平成四年二九一〇人、平成十五年三一六〇人、平成二十四年二八九〇人とほとんど減少は見られず、また平成二十七年四月現在も全国の指定暴力団二十一団体中、五団体が存在している。

月に一度行われる各組織の月例会（定例会）には幹部クラスが部下を引き連れ、組織によっては数百名規模で高級車に分乗して続々と本部事務所などに参集する。そのような姿を目の当たりにすると、好むと好まざるとにかかわらず、彼らを支えている堅気衆が未だごまんと存在することを改めて思い知らされるのである。

彼らが今後、どのような形態で存在するかについては、次のようなパターンが考えられる。
①暴対法、暴排条例などで種々の規制を受け、ジリ貧になりながらも、ある点で踏み止まり、建前ではあっても仁侠道を掲げ、従来型のヤクザに執着して生き続ける
②暴対法、暴排条例の適用や警察などの取締り、規制をできるだけかわすため、代紋や看板を掲げずにマフィア化の道を選ぶ
③ヤクザとマフィアに片方ずつ軸足を置きながら、その陰と陽の両面を柔軟かつ巧妙に使い分けて存続を図る
④ヤクザでもマフィアでもない半グレ集団、犯罪小集団・グループとして活動する

ご承知のとおり、我国のヤクザは江戸期の国定忠治、清水次郎長時代から民衆に溶け込み連綿と生き続け、ある時期は岡っ引きとして、また先の戦争直後の混乱期には外国人暴動、左翼の実力闘争対策要員として、いわばお国の体制維持のための手足の役割を果たしたりもした。また日常の生活においては、露天商、芸能興行などで庶民に楽しみを与え、博打や売春など、綺麗事だけでは済まない社会の必要悪としても一定の役割を果たしてきた。

ところが暴対法や、今や全国各県にそろい踏みした暴排条例により、裏・表経済のいずれを問わず、一律に排除の対象となった。しかし、当然のことながら霞《かすみ》を食って生きるわけにもいかず、存続をかけた激しい抵抗を見せるようになってきている。

彼らが、少なくとも現状の暴力団、ヤクザスタイルで居残り続けようとするなら、これまでの収入源であった風俗営業や建設業者などを依然としてしっかりと手元に引き止めておかなければならない。そのため、福岡県北九州地区などで見られるように、一部の業者を襲撃し、それを見せしめに恐怖で食い止めようとするなど、より凶悪化し、そのやり方が全国に伝播・拡散していくかもしれない。

彼らからすれば、こんな風にならざるを得なかったのは、過去にヤクザを利用したことの折り合いをつけることもなく、いきなり一方的に全面的排除という強攻策に出た当局のせいであり、当然の報いだと開き直るかもしれない。しかしながら、そのように舵を切らざるを得なくなった理由がある。

・国内的には、特に上場企業に触手を伸ばし始めるなど、国家の基盤をなす表経済そのものを脅かす兆しを見せていること。政治的にも、特に地方自治体レベルではその影響力を相当に及ぼし始めたこと

・国際的には、米国のロサンゼルス近郊やヨーロッパのバチカン市国で土地・物件の買占めに奔走し、外国政府からもヤクザの海外進出への懸念、取締り要望が寄せられるに至ったこと

つまり、なりふり構わぬ振る舞いが、自らの首を絞めたと言えるだろう。

また、マフィア化については、その誕生地とされるイタリア・シチリアなどと日本では歴史、風土、民族性、社会制度が異なるため、ヤクザの大半がその規模と悪質性・残忍性を備えた形で直ちにマフィアへ移行するのは難しいのではないかとの見方もある。

しかしながら、これまで見てきたように、暴対法逃れのため組事務所から看板や名札を取り去り、逮捕・勾留時の取調べにおいては組織実態が明らかになるような供述を全面拒否し、また平常時においても警察官とは「会わない、入れない、喋らない」の三無主義の徹底で匿名化・アングラ化が加速している。

また、経済的に急激に追いつめられた暴力団の一部が、これまでタブーとしてきた警察官へ

の襲撃や、かつての谷町などへの自爆的攻撃もためらわなくなり、凶暴性を剝き出しにしつつある。さらには、直接身体を攻撃しない財産犯にあっても、半グレなどと組み、年金生活者の命金である虎の子貯金を容赦なくだまし取り、時としてお年寄りを自殺にまで追い込む「振込め詐欺」などは、まさにこの延長線上の出来事であろう。

仮にマフィア化に突き進んだ場合は、先述のイタリア当局と同様、相当な犠牲を覚悟して臨まなくてはならないだろう。

先の①から④のいずれの形態に進むにせよ、ジリ貧のシノギを補充・拡大するため、一般企業と同様に海外への進出や外国人組織との連携などのグローバル化、証券取引などの専門的知識を持った一般人の取込みなどにより、これまでになかった新たな資金源の獲得を目指すことになるだろう。

また、①から④以外にも、例えば次のようなことが考えられる。

⑤暴力団、マフィア、半グレ集団のいずれの形態も残存しない、治安のユートピア国家の出現。しかしこの場合、気がついてみると、かつてのスターリン時代のソ連や毛沢東時代の中国のように、ユートピアを通りすぎて、暴力団やマフィアより質《たち》の悪い強権抑圧国家になり果てている可能性も考えられる。性急にその実現を求めるのは、かなりの危険を伴うであろう。

⑥先の①の形態、つまり縮小しながらも従来のヤクザ形態を保ち、反社会性を帯びた危険な存在として残存させるのではなく、よりモデラートな形で、つまり反社会的ではありながらも一昔前のような存在——例えば露天商や簡易的な賭博など、覚醒剤などと比べて相対的に悪質性の低い業種を生業《なりわい》とする——として当分の間は生き残らせる。この形態を定着させるには、当局側の許認可などにおいて国策的協力が必要となるだろう。

何が何でも可及的速やかな暴力団の弱体化・壊滅の一辺倒から、それを視野に入れながらも現実を正視して、原子力発電所同様、当分の間その存在はある程度致し方ないとし、これまでの方針の一部をコペルニクス的に変換して、したたかに彼らを終末に向けてのソフトランディングに導く——。大坂冬の陣・夏の陣ではないが、そのスパンを半世紀ぐらいに考え、自分が生きている時さえ楽できれば良いという彼らの刹那《せつな》主義的特性を利用して、現構成員が高齢引退の時までに後継を断ち、自然消滅させるのも一つの手かもしれない。

第二章 当面の人・物・金対策

「人」——構成員」対策

■司法手続きの改革——逮捕・捜索・勾留・取調べ

暴力団構成員らを含む犯罪者を社会から排除するため、まず捕まえやすく、そして裁判では有罪となるべきは有罪に、しかも悪質な者は死刑を含めてそれ相応の刑に服役させ、社会から隔離しなくてはならない。

■逮捕——緊急逮捕における「直ちに」の解釈をより暖やかに

現在の刑訴法では、逮捕の種類として現行犯逮捕（第二一二条）、緊急逮捕（第二一〇条）、通常逮捕（第一九九条）の三種類が定められている。

通常は、警察などの捜査機関が逮捕前に裁判所に逮捕状を請求し、その発布を得て犯人を逮捕することとなっている（憲法第三十三条）。誤った逮捕が最大の人権侵害となるためである。

現行犯逮捕は、犯行自体が警察官などの眼前で行われるものであり、誤認逮捕は発生しにくいため逮捕状の事前取得は必要ない。警察官だけでなく、一般私人でも逮捕できる所以《ゆえん》である。

通常逮捕と現行犯逮捕の中間に位置するのが緊急逮捕である。現行犯ほど犯人性が明らかでないが、裁判官に逮捕状を求めている間に逃走する恐れがある場合などに、一定の重い犯罪（三年以上の懲役――傷害、窃盗、恐喝など）に限って、逮捕状発布前の逮捕を認めるものである。ただし、逮捕後に令状が発布されなければ、身柄を釈放しなければならない。

この緊急逮捕を定める刑訴法第二一〇条には、逮捕後、「直ちに」逮捕状を求める手続きをしなければならないと定めているが、同法にも犯罪捜査規範にも、具体的に何時間以内にとは定められていない。

裁判例では、被疑者の警察署への引致《いんち》時間、逮捕手続きなど書類の作成、疏明《そめい》資料の調整、書類の決裁など警察内部の手続きに要する時間及び事件の複雑性、被疑者の数、警察署から裁判所までの距離などを考慮し、「できる限り速やかに」という意義に解するとしている（京都地裁判決、昭和四十五年十月三日、「判例時報」六三四号、一〇三頁）。

とはいえ、警察官が実際に緊急逮捕を処理する際には、具体的な時間の目安が必要になる。昼間の場合は約三時間を限度とする学説（石毛平蔵「『直ちに』の実務」、「捜査研究」十九巻十二号〔東京法令出版〕所収）があり、この説が採用されたのか、私が現役の頃には三時間を基準として対処していた（全国的な統一が求められるので本庁指導と思料される）。

私は第一線の警察署で刑事当直主任を五年間経験したが、三時間を基準とした場合、二割程度は若干時間的余裕があり、五割は時間ギリギリ一杯、残り三割程度は若干時間オーバー気味という感じであった。緊急逮捕のたび、事件処理現場となる刑事部屋は蜂の巣をつついたような状態となり、刑事当直主任をはじめ、処理に当たっている警察官は胃の痛むような思いで、文字通りバタ狂いながら処理していた。

特に近年のように、事案がスピード化・広域化し、さらに体制の弱い夜間に多発して人的・物的証拠の収集がより困難となっている状況においては、せめて一時間延ばして四時間、あるいは三～四時間と幅を持たせてくれれば、全国津々浦々の警察官、とりわけ当直主任の胃の痛みはずいぶんと和らぐだろう。

かなり以前には、夜十時以降の緊急逮捕の場合は翌朝速やかに請求するという運用が、検察・警察・裁判所の三者協議により行われていた時期もあるというが、ぜひその三者協議で一応の目安を三～四時間としてもらいたいものである。

■捜索

【捜索差押許可状の緊急執行を認めよ】

「捜索」は、テレビのニュースでも「○○会社に捜索が入った」などとと使われるお馴染みの言葉である。

この捜索は原則的には、裁判所から事前に令状（捜索差押許可状）の発布を得て、証拠物を押収したり、時として犯人自体を探し出したりするため、住居や建物、車などを対象に強制的に行われるものである。その際、警察などの捜査機関は、令状を必ず所持し、原則としてその開始前に居住者などの立会人に示さなくてはならない（刑訴法第一一四条）。

ところで、逮捕状を得て犯人を逮捕する場合、例えば指名手配中の甲を逮捕するため暴力団事務所と甲の自宅マンションの二手に分かれて逮捕に向かい、逮捕状を所持していない方に甲がいれば、犯罪事実などを告げて逮捕し、後から速やかに逮捕状を示せばよいことになっている（刑訴法第二〇一条二項）。犯人をみすみす取り逃さないために、法律的に工夫をしているのである。

ところが、捜索の場合はこれが認められていない。例えば、覚醒剤積載の疑いがある車の捜索差押許可状を取り、その車の所在をA・Bの二班に分かれて探していたところ、令状を所持

■表2　逮捕の種類

通常逮捕	・裁判所から事前に令状の発布を受け、犯人を逮捕する（刑訴法第199条）。逮捕時、犯人に令状を示す ・［緊急執行］逮捕者が令状を所持していない場合、逮捕後、速やかに示せばよいとされる（刑訴法第201条2項）
現行犯逮捕	・逮捕状の発布がなくても犯人を逮捕できる。犯行と逮捕の時間的・場所的接着性が要件となる（刑訴法第212条） ・警察官など捜査官以外の一般人でも逮捕できる
緊急逮捕	・逮捕状が発布されておらず、また現行犯逮捕の要件に当たらない時でも、逮捕状なしで逮捕できる。ただし、3年以上の懲役がある罪に限られる ・逮捕後、おおむね3時間以内に令状を請求しなければならない ・逮捕後に令状が発布されなかった場合、身柄を釈放しなくてはならない（刑訴法第210条1項）

していないB班が発見したとする。この時、令状を所持するA班がその場所まで行くのに時間を要し、相手方が逃走してしまうような気配がある場合（多くはこのようなケースとなる）、B班が逮捕の緊急執行と同様、令状なしでその車を捜索できるよう法的に整備する必要がある。

人権侵害の程度がより高い逮捕の場合でさえ認められるのなら、捜索という場面に認められても差し支えないと思われる。

【緊急捜索を認めよ】

ここまで様々な種類の逮捕・捜索が出てきているので一旦整理すると、表二・三のようになる。

現行法で捜索が認められているのは、事

■表3　捜索の種類

令状に基づく捜索	・建物などを捜索する際、裁判所の発布した令状を所持していなくてはならない。原則として捜索開始前に立会人に示す必要があるが、瞬間的な前後は問わない（刑訴法第114条） ・［緊急執行：未規定］建物などの捜索の際、すでに裁判所の令状は発布されているが、そこに行った警察官などがたまたま令状を所持していない場合、捜索着手後、速やかに令状を持参して示せばよいとする
逮捕現場での捜索	・事前に令状の発布がない場合であっても、表2の通常逮捕・現行犯逮捕・緊急逮捕の現場においては捜索差押ができる（刑訴法第220条1項）
緊急捜索（未規定）	・事前の令状の発布がなく、表2の逮捕現場でない場合にも捜索できる。警職法の職務質問に伴う検査（強制にわたらない限度で可）の限度を越え、強制力を伴う ※例えば、覚せい剤を隠匿している充分（相当）な疑いがある人、車両に対し、令状がなくても実施可能。緊急逮捕の捜索差押版である

前に裁判所から令状を得ている場合と、逮捕に伴いその現場で行う場合の二種類である（表三）。これらに加え、緊急捜索も認める必要がある。

今、全国津々浦々の現場で警察官が直面している典型的な問題は、覚醒剤所持・使用容疑車両に対する捜索である。例えば、パトカーが警ら中、急発進や蛇行を繰り返しながら走行する車を発見したとする。停車させて職務質問を開始したところ、運転手の頬はこけ、目はギョロつき、言葉もしどろもどろ。さらに車両のナンバー照会から所有・使用者は覚醒剤の前科があると判明した。このように、覚醒剤の使用・所持が濃く疑われる場合でも、それを完全否認し、任意の車両捜索も拒否されることが多い。深夜の路上で長時間にわたって押し問答となることも珍しくない。

暴力団員や不良グループの場合、携帯電話で仲間の車が四、五台、すぐに集まって来る。それに対してパトカーは、同僚が他の事件の対応に追われている場合も多く、充分な応援が来るとは限らない。従ってできるだけ早めに捜索したいが、令状なしに強制捜索できる規定は今のところない。

では、これまでどのような法的根拠で車を止め、相手方の身体や車内を点検していたのかというと、警察官職務執行法によってである。

同法第二条に、

警察官は、異常な挙動その他周囲の事情から合理的に判断して何らかの犯罪を犯し、若しくは犯そうとしていると疑うに足りる相当な理由のある者又は既に行われた犯罪について、若しくは犯罪が行われようとしていることについて知っていると認められる者を停止させて質問することができる。

四項　警察官は、刑事訴訟に関する法律により逮捕されている者については、その身体について凶器を所持しているかどうかを調べることができる。

と規定されている。相手が凶器を所持している疑いがあり、警察官に危険が及ぶ可能性がある場合には身体捜検できると四項に明記されているが、それ以外の、例えば覚醒剤発見のための実力行使については一切書かれていない。

これまで無数に発生した事案に関する裁判例では、前記一項により、相手方の同意のない場合であっても、自転車で立去ろうとする際に荷台に手をかけ停止させることや、身体に対しては服のポケットの上から手で触ること、つまり捜索に至らない程度の行為を認めるに留まっている。

ここで、職務質問に付随した所持品検査で、一つの限界事例となった「松江相銀米子支店強奪事件」を紹介する。

昭和四十六年七月、新左翼の赤軍派に所属する四人組の若い男が猟銃、登山ナイフを持って松江相互銀行（現島根銀行）米子支店に押し入り、奪った現金六百万をボウリングバッグとアタッシュケースに詰め込んで逃走。間もなく、警察官が犯人らしき男が乗った車を発見し、職務質問を行った。警察官が犯人の同意を得ることなくバッグのチャックを開けたところ札束を発見し、緊急逮捕となった。

裁判において被告人側は、承諾なしにバックを開けたことは違法であり、従ってそれにより見つかった証拠に基づく逮捕は無効である、と主張した。

これに対し最高裁は、「職務質問に附随して行う所持品検査は所持人の承諾を得てその限度でこれを行うのが原則であるが、捜索に至らない程度の行為は、強制にわたらない限り、たとえ所持人の承諾がなくても、所持品検査の必要性、緊急性、これによって害される個人の法益と保護されるべき公共の利益との権衡《けんこう》などを考慮し、具体的状況のもとで相当と認められる限度においてのみ、許容されるものと解すべきである」として被告人側の主張を退け、全員有罪としたが、多分に救済判決の色彩が強い判決であった。

この事件の場合、猟銃及び登山ナイフを使用しての銀行強盗という重大犯罪であること、深夜の検問現場を通りかかった若い男二人が警察官の職務質問に対し黙否した上、再三にわたる所持品の開披《かいひ》要求を拒否するなど不審な行動をとったこと、ボウリングバッグやアタッシュケースを所持していたことなどから、仮に当時、緊急捜索の規定が整備されていれば、取り立てて問題にはならなかったと思われる。

ここまで大きな事件ではなくとも、社会に脅威をもたらす覚醒剤所持や拳銃所持などの事案が日々発生している。その現場で闘う警察官の強力な武器として、前記のような規定をぜひ新設してもらいたいものである。

参考までに、緊急捜索の規定がないために無罪放免となった福岡県内発生の事例を紹介する。

夜中の二時頃、県内某所の橋桁の下に不審な車が停まっており、一見して暴力団員風の男とシャブ中らしき女が乗っていた。パトカーが近づき職務質問を開始すると、男は車から降りて免許証の提示にはしぶしぶ応じたものの、その他の話は一切拒否した。氏名照会すると現役の暴力団員で覚醒剤の前科もあることが判明したため、所持品を見せるよう説得を試みるがかたくなに拒否し、いきなり車の方へ走り出してドアを開けた。その時、助手席の女に何か小さな物を渡すのが見えた。男は運転席に乗り込んだが、追いかけてきた警察官ともみ合いになり、双方車外に転倒した。同僚の警察官が応援のパトカー二台を呼び、男と女を最寄りの警察署の署庭まで車とともに同行した。

明るい署庭で車の捜索を開始した（この時点で男は諦め、任意捜索を受諾していた）ところ、女が座っていた助手席付近から封筒に包んだパケ（覚醒剤入りの小袋）が見つかった。検査の結果、陽性反応が出てその時点で緊急逮捕となったが、一勾留満期（十日間）で男は処分保留で釈放され、後日不起訴、つまりお咎めなしとなった。理由は逮捕に至るまでの同行及び車の捜索が強制に及んだというものである。

この類いの事案は、毎日、全国のどこかの警察署管内で起こっており、結果として暴力団員などによる覚醒剤の所持・売買がみすみす見逃されることとなっている。

覚醒剤の所持が発覚すれば確実に二、三年は懲役に行くことになるので、警察官に言われて素直に出す者はまずいない。暴れたり巧妙に投棄・隠匿して逃れようとする。それを発見しようと思えば、現場でかなり強引に、例えばポケットに手を入れたり、カバンを開披したりしなければならない。ところが現行法下では、これらの行為は令状なしの捜索（強制）ということで、仮に覚醒剤を発見・押収したとしても、違法収集証拠となって事実認定から排除され、結局無罪となる。

腕をめくらせて注射跡があったり、車のダッシュボードにポンキー（注射器）があったりすれば、裁判所に捜索差押許可状を請求すればよいではないか、と言う人もいるだろう。しかし、前提としての腕まくりや車内の確認も、そもそも同意がなくてはできない。また、仮に同意があっても、夜中の少人数の体制で、いつ別件の一一〇番が入るかもしれない状況の中で、長時間（三、四時間）をかけての令状請求は非効率かつ限られた警察力を消耗するもので、ひいてはそのつけが一般市民に及ぶのである。

警察官の経験と勘に基づく、ある程度の自発的な緊急捜索が許されなければ、先の事例のように抵抗する者、否認する者が野放しとなってしまう。

悲しいかな、検事、裁判官も、現場の実際的対応への理解が不足している。そういう意味では、検察官も刑事裁判を担当する裁判官も、数年間、都市部の忙しい警察署で、お客様ではなく普通の警察官として、暴力団員への職務質問などを経験してみるとよいと思う。

■勾留——勾留期間を延長せよ

警察によって逮捕された者の大多数は、四十八時間以内に検察庁に送致される。これを身柄付送致という。身柄を受け取った検察官は二十四時間以内に釈放するか、逃走の恐れや証拠隠滅の恐れがあると判断した時は裁判所に対し勾留請求をすることとなる。

この勾留期間は原則十日間、必要な場合はさらに十日間の延長が認められている（刑訴法第二〇八条）。勾留期間の満期日までに、検察官は事件の起訴・不起訴と、身柄について引き続き拘束するかどうかについて決定しなくてはならない。

単独犯による単純な暴行、傷害事件などは、一勾留（十日間）でも充分証拠収集できるが、殺人、横領、詐欺など多数の人的・物的証拠の収集が求められる場合、警察官は土曜・日曜を問わず出勤し、二回目勾留の半ば頃までに何とか間に合うよう努力しているのが現状である。

刑訴法が改正された昭和二十三年から半世紀以上経つが、交通・通信の発展により、犯罪も複雑・多様・広域化している。また、官公庁や大半の企業は、昔と異なり土曜日も休みとなり、さらにいわゆる祝日法により休日が増え、裏付けを取りに行っても会社が休日で相手が不在などという場面が増えている。

このような状況を踏まえ、勾留期間を例えば「第一回目を十日から十五日に延長する」、もしくは「第一回目を十三日、第二回目を十二日にして計五日間延長する」といった変更が必要ではあるまいか。

■取調べ

【真実の発見を援護する法の整備を】

自白は昔から「証拠の女王」と呼ばれ、極めて重要なものであることは今も変わりがない。刑法などに規定される刑罰のほとんどは故意犯に対するものであり、故意の立証は、まずは供述からである。例えば、贈収賄事件の物品供与の賄賂性などは、供述からしか得られないのである。

この重要性の故に、供述を得るための無理な取調べが行われ、人権侵害が起きる可能性がある。このような自白の強制を防ぐため、憲法第三十六条で公務員による拷問が禁止され、第三十八条には何人も自己に不利益な唯一の証拠が本人の自白である場合は有罪とされない旨を定めている。

刑訴法第一条において、「この法律は、刑事事件につき、公共の福祉の維持と個人の基本的人権の保障とを全うしつつ、事案の真相を明らかにし、刑罰法令を適正且つ迅速に適用実現することを目的とする」と規定し、「被疑者の人権」を守りながら「真実の発見」に努めるよう求めている。前者に関しては、刑訴法第三一九条や犯罪捜査規範第一六八条などにより、任意になされたものではない自白を証拠とすることはできない、などと重ねて規定している。

ところが、後者の真実の発見については、これを援護する規定がほとんど見当たらない。どうも我国の立法者は、被疑者は捕まって取調べになると、素直に本当のことを言うという「被疑者性善説」に立っているようにも感じられる。

しかしながら、紛れもない事実として、被疑者の中には有罪・服役を免れるため、完全否認あるいは姑息《こそく》な嘘を重ねて他人のせいにする者が少なからずいる。このような事実を前提とした法整備――司法取引、挙証責任の転換（後述）などの整備が必要であろう。

【取調べ可視化の問題点】

強制や利益誘導などを用いた取調べを防止するため、取調べの過程をビデオ撮影したり録音したりと、できるだけオープンにしようとする取組みが十数年前から盛んに行われてきた。とりわけ、平成二十一年、当時、厚生労働省雇用均等・児童家庭局長であった村木厚子氏が、郵便割引制度をめぐる虚偽有印公文書作成・同行使罪に問われ、翌年無罪判決を受けた事件の後、取調べ可視化に向けての動きが加速したといえる。逮捕に踏み切る証拠となった村木氏の部下の供述が、行き過ぎた取調べの結果による、本人の意思とは異なるものであったことが判明し、密室における取調べのあり方が改めて問題となったのである。

可視化は、取調べを受ける被疑者の人権侵害防止に役立つ。また捜査官にとっても、脅迫・

暴行されたなど、実はありもしない行為を訴えられたり、ちょっとしたことを針小棒大に訴えられたりすることがあることから、それを防御する手段になり得る。しかしながら、被疑者から真実の供述を引き出すという意味では、かなりマイナスに作用すると思われる。

約三十年前、贈収賄事件などを担当するセクションにいた時、先輩刑事から、ある公務員夫婦を収賄の被疑者（妻は「身分なき共犯」）として取調べた時の話を聞いた。その内容は次のようなものである。

当初は夫婦両名とも完全否認し、賄賂を受け取った事実を認めなかったが、二回目勾留半ば、夫の方は取調官と信頼関係ができ、容疑を認めた。また雑談の中で、妻と結婚したいきさつや、新婚旅行のことなども話すようになった。そこで、未だかたくなに否認している妻に、それとなく夫から聞いた新婚旅行の話などをしたところ、一転して全面的に認めるに至った。妻は、夫が本当のことを話し始めたと感じ取ったのである。

会話が録音されるとなると、このようなプライベートな話はなかなかできなくなってしまうだろう。ましてや、チンコロ（密告）は最大の恥とされているヤクザに対して、録音することを告げた上で共犯者の話をさせることは、想像以上に困難を伴うであろう。

取調べの全面可視化は、自白を得ることをより困難にし、有罪率を下げ、ひいては治安悪化につながっていく可能性がある。被疑者の人権擁護と真実の発見による治安維持とは、まさに両刃の剣なのである。どちらにも極端に振れずに、バランスをとって進めていくことが大事になる。

【司法取引・刑事免責制度の導入】

米国では広く取り入れられている司法取引が、日本でも導入される見通しである。

司法取引のうち、まず「捜査・公判協力型協議・合意制度」と呼ばれるものは、ある事件の被疑者・被告人が他の事件の犯人を明らかにすることの見返りとして、検察官が起訴を見送ったり、本来は死刑のところ無期懲役へと求刑を減じたりする制度である。

また、広義の司法取引の一つである「刑事免責制度」とは、検察官が裁判所に証人尋問を請求する際、その証言を証人にとって不利益な証拠とすることはできないとの条件を付ける制度で、主として共犯事件に適用されるものである。

これらの司法取引の対象となる罪種は、当面、被害者・遺族感情に配慮して、贈収賄や企業犯罪といった財政経済犯罪と薬物・銃器犯罪などに限定し、殺人などの重要犯罪は対象外となるようだ。

しかし、暴力団の首領や上層幹部を検挙するには、まず情報提供する被疑者・被告人の犯した罪が、死刑や長期服役が見込まれるものでなければあまり成果が望めないであろう。また被害者・遺族感情についても、暴力団抗争などでの組員同士の殺傷と、暴力団による一般人殺傷の場合とでは、かなり異なったものになると思われる。

発生した事案の内容をよく検討し、取引を申出た被疑者・被告人に対する減刑の程度が、被害者・遺族感情と著しく乖離《かいり》したものにならないよう配慮しながら、重要犯罪も司法取引の対象とすることによってこそ、凶悪犯罪を犯した者、とりわけ暴力団の首領、上層幹部検挙への道が開かれていくのではないだろうか。

暴力団の首領クラスは、殺害などの指示はするが、実行行為は二次・三次団体の配下組員にさせるため、実行現場で捕まることはまずない。逮捕されるのは実行行為者が共謀・教唆《きょうさ》した者を自供する時か、ある事件の被疑者・被告人が同人の犯した事件とは別の案件について捜査当局に供述する場合である。そのためには、やはり司法取引制度が必要になる。

なお、この制度をうまく軌道に乗せるためには、取引に応じた関係者が、出所後、確実に逃げおおせるように、戸籍や氏名を変更したり、逃走資金やその後の生活資金を供与したりすることが不可欠となるであろう。いわゆる「証人保護プログラム制度」（五七頁の注参照）である。特に日本はアメリカのように多民族国家ではなく、領土も狭い上、海に囲まれていて国外脱出が困難であるので、欧米諸国より周到な準備が必要となる。

【挙証責任の転換】

現在、犯罪者を不当に利する要因として「挙証責任」の問題がある。つまり現状では、犯罪を立証する責任を、警察・検察の捜査側が一〇〇％負っているのである。

典型的なのは、殺人と傷害致死*である。人の死という厳然たる事実があるにもかかわらず、「殺すつもりはなかった」と主張して傷害致死となり、懲役三、四年というのはよくある話である。

＊殺人と傷害致死
殺人罪（刑法第一九九条） 死刑又は無期若しくは五年以上の懲役
傷害致死罪（刑法第二〇五条） 三年以上の有期懲役

私が担当した事案の一つに、いわゆる労働飯場で、男三人が一人の男性に対し殴る蹴るの暴行を加えた後、布団でグルグル巻きにして窒息死させたという事件があった。彼らは、殺すつもりはなかったと主張し、いずれも懲役三、四年の刑が確定した。この場合も、相手が死ぬかもしれないという未必《みひつ》の故意さえなかったということを、三人の男たちに立証させるべきであっただろう。

今一つ、例えば暴力団が少年ヒットマンを使って対立する組員を殺害した事案で、逮捕された少年が、所属する組長から教唆された日時・場所、拳銃を渡された時の状況、他の共犯者との役割分担の指示などについて具体的に供述している場合も、組長が教唆していないことを立証する責任を負うべきである。このように「ない」ことを立証することを「悪魔の証明」といい、不可能を強いるものとされるが、組長と配下の少年など特殊な主従関係にあるような場合、適用してはいかがだろうか。

■刑罰の重刑化

以前、裁判員裁判制度の実施に向け、最高裁の司法研修所が国民と裁判官を対象に行った意識調査で、国民の約八割が裁判官の量刑判断に「軽い」というイメージを持っていることが明らかになった。量刑（宣告刑）は法定刑の範囲内で被告に課されるものであり、この調査結果は法定刑が軽すぎるという意志表示ともいえる。

現在、死刑の適用に際しては永山基準*が判断基準とされており、おおむね三、四人以上殺さないと死刑にはならない。

＊永山基準
日本の刑事裁判において死刑を適用する際の判断基準。昭和五十八年、連続四人射殺事件の被告だった永山則夫の第一次上告審の判決で、最高裁が二審の無期懲役判決を棄却した際に示されたため、永山基準と呼ばれる。殺害された被害者の数が複数であることなどをその内容とし、この基準が以降の死刑

判決の適用に広く影響を与えている。

物欲・性的欲望を満たすため、かけがえのない他人の生命を奪ったにもかかわらず、死刑にならないことこそ、被害者への最大の人権侵害ではないか。一人殺せば、原則その者は自らの命で償って当然のはずだ。犯人は死刑、そしてその者を育てた親にも責任がある場合は、禁錮や罰金など何某かの処分が課されても文句は言えないはずである。

いわんや、我国の場合、死刑の次に重い無期懲役でも、比較的長期になってきたここ十年を見ても平均二十五～三十年前後で出所している。男女とも平均寿命が八十歳を超える時代、人の命を奪っても、その三分の一の期間で償い終えるのである。

また、かつて暴力団による恐喝事件を取扱った際、「被害届を出しても二、三年で出所してくるので、お礼参りが恐くて被害届を出せない」という事案を数回経験した。そのうちの一人は、「せめて十年ぐらい懲役に行ってくれるなら、犯人も年をとり、彼を取り巻く状況も変わるだろうから、思い切って被害届を出すのに……」と嘆いていた。

少年をヒットマンとして使う事件も多かったが、これは少年であれば少年法に守られ、死刑になることはほとんどなく、少年院などでの拘束期間も成人の懲役に比べてかなり短かくてすむためである。

巷では、裁判官や弁護士の妻や娘などが殺害あるいは強姦されたりしなければ、全うな判決は出ないのか、という声も度々聞かれた。事実、松本サリン事件で裁判官官舎が狙われたり、坂本堤弁護士一家が殺害されたりと司法関係者が被害にあってからは多少重刑化が進み、また犯罪被害者対策がクローズアップされてきたと感じている。坂本弁護士の弁護士仲間グループは死刑廃止論者であったと聞いているが、この事件以降も死刑廃止の立場を取っているのだろうか。

前述のように、国民の八割が「刑が軽い」と意思表示をしている中にあって、重刑化の方向になかなか進まなかったのはなぜか。一般に国や地方自治体が住民に対して、ある政策の可否につきアンケートを実施し、半数近くが反対・不支持となれば、これはもはや一大事で、早急に改善策を検討しなければならなくなるが、司法当局はなぜ放置し続けたのか。

以前、あるテレビ番組で、死刑制度の存否について、元法務大臣の鳩山邦夫氏と元警察官僚の亀井静香氏の対談があった。鳩山氏は法務大臣時代、十三人の死刑執行を許可する署名を行った死刑制度存置派である。一方の亀井氏は死刑廃止派であるが、その理由として、「囚人として捕らえられた無抵抗の者を殺すことは許されない」と発言するのを見て、唖然としてしまった。

司法警察の任務は、一言でいえば犯罪者を捕らえ、刑法第九条に定める各刑に処すための活動となるだろう。その刑の中核をなす死刑を容認できないというのは、プロ野球の監督が打者に対してホームランは打つなと指示するのと同じであると私は考えている。同氏が以前からこの考えであったのならば、警察官僚など務めるべきではなかっただろう。

重刑化しようとすると、すぐにリベラル・人権派の学者、弁護士らが抵抗する。しかし、刑法が施行された明治四十一（一九〇八）年の平均寿命は、

〇歳児　男四十四・二歳、女四十四・七歳

一歳児　男五十一・六歳、女五十一・二歳

とかなり短命であったが、今では男女とも八十歳を超え、約三十年（一・六〜一・九倍）も伸びている。従って単純に比例計算すると、刑期も五年→八年、十年→十五年に伸ばすのは自然なことであろう。

平成十六年に量刑が一部見直されたが、重刑化された主なものとして、

殺人罪…死刑、無期、三年以上の懲役→死刑、無期、五年以上の懲役

傷　害…十年以下の懲役→十五年以下の懲役

があるくらいで、窃盗、詐欺、恐喝などはいずれも十年以下の懲役で改正前と変わっていない。

重刑化について参考になるのは、米国の数州で実施されているスリー・ストライク制である。これは、二度の誤ちは大目に見るが、三度目は極めて重い刑（死刑、無期懲役、二十五年以上の禁錮刑）を課するというものだ。十年くらい前、三度目の無銭飲食をした男が二十五年の禁

錮を言渡されたという事案をテレビで見た。これはさすがにやり過ぎではないかと思ったが、ニューヨーク市ではこの制度の導入当時、凶悪犯罪が一六%減少したと報道されていた。累犯者対策として大いに参考になる。

最後に、比較的最近発生した二つの殺人事件を紹介する。いずれの事件も、被害者が量刑不当を叫んでいる。

[女性殺害、切断遺棄に無期懲役]

平成二十年四月、当時三十三歳の派遣社員の男が、東京都江東区のマンションで、同階に住む会社員A子さん(当時二十三歳)を性の奴隷にしようと企てた上、殺害、死体を浴槽で切断して下水道に流した。翌年二月、東京地裁は、その動機について「歪んだ性的欲望を抱いて被害者を拉致し、発覚を恐れて殺害、遺体を損壊・遺棄した行為には戦慄を覚える。被害者の名誉や人格、遺族の心情を踏みにじり、極めて卑劣」とした上で、「被害者が命を落とした後である死体損壊・遺棄の態様を過大に評価することはできない。被害者への乱暴やわいせつ行為は行っておらず、前科もなく罪を悔いている。終生、被害者の冥福を祈らせ、贖罪《しょくざい》に当たらせることが相当」として、死刑ではなく無期懲役を言い渡した。

傍聴席では、被害者の遺影を抱えた母親や姉妹らが、判決を聞いた瞬間、厳しい表情になったという。

［二人死刑、無念なお］

平成十九年八月、名古屋市内の契約社員B子さん（当時三十一歳）が帰宅途中、実家からわずか数百メートルの所で拉致された。犯人はネットで知り合った男三人で金銭目的だった。彼らはB子さんを無理矢理車に乗せ、命ごいに耳を貸さず、ハンマーで数十回殴打し惨殺した。平成二十一年三月、名古屋地裁は三人のうち二名に死刑、自首したとされる一名に無期懲役を言い渡した。

三人殺さないと死刑にならないというそれまでの流れから見れば、かなりの英断と思われる判決だったが、母親は「三人とも死刑になるのを望んでいたので、判決には落胆しています」とコメントを出した。またB子さんの交際相手も「三人に極刑を求めたが力及ばず、B子さんに申し訳ない気持ちで一杯です」と話した。

この母親は、約三十年前に夫を病気で亡くし、女手一つでB子さんを育てた。夫が亡くなった時、B子さんはまだ一歳十カ月であった。また事件後、B子さんは母親のために家を購入したいと考え、給料の一部を秘かに貯金していたことが判明した。

公判中、被告の一人は、被害者や遺族について「運が悪かった」「お気の毒」などと発言したという。

■被害者の司法手続きへの参加

■裁判手続き

前述のように、刑訴法第一条には「この法律は、刑事事件につき、公共の福祉の維持と個人の基本的人権の保障とを全うしつつ、事案の真相を明らかにし、刑罰法令を適正且つ迅速に適用実現することを目的とする」との大原則が定められ、同法の随所に被疑者の人権に配意した規定が見られるが、被害者に配意した規定はほとんどないと言ってよい。

これまで、被害者は最大の当事者でもあるのに、裁判ではほぼ蚊帳の外に置かれていた。平成二十一年に確立された被害者参加制度で、被害者や遺族は被告人に質問したり、求刑に対する意見を述べたりできるようになり、法廷で思いを伝える機会が広がった。しかし、よくも戦後何十年にわたり、被害者をほったらかしにしてきたものだと、改めて司法界の鈍感さにあきれてしまう。

平成二十一年から裁判員裁判が始まったが、被害者の言葉が同じ目線の市民裁判員の共感を呼び、それが量刑に反映されるなど、ある程度の影響を与えてきていると思う。

■死刑執行に被害者側の参加を！

今一つ、被害者の配偶者や三親等以内の者などに限定し、希望すれば死刑執行に参加させてはどうかと考えている。

憲法第三十六条は「残虐な刑罰は、絶対にこれを禁ずる」としているが、死刑そのものについては明示していない。しかし、刑法第九条に刑罰の一つとして定められていることから、死刑を是認していると解されている。ただし、いわゆるリンチ同然の暴行を加えて死刑にしたり、死ぬ直前で蘇生させ、何度も苦しめた上で殺すといった刑罰は、この「残虐な刑罰」に当たるだろう。あるいは石川五右衛門のように子供と一緒に釜茹でにしたり、チェチェン紛争であったとされる、女性スナイパーの両足にロープを掛けてトラックで左右に引っ張り股裂きにするような刑罰は、当然許されない。

我国の現在の死刑執行は、刑法第十一条に絞首によると規定されている。実際の執行時には、複数人の執行官がボタンを押し、そのいずれかによって、首にロープを掛けられた死刑囚の立つ床の板が外れて宙吊りになる。執行官の精神的負担を軽減するため、誰が執行したか特定できなくなっているのである。このボタンを押す役に、希望があれば被害者を加えてはどうだろうか。

実際に米国のいくつかの州では、死刑執行にこの方法を取り入れている。十数年前、十代の娘を強姦・殺害された白人の母親が、死刑執行ボタンを押した後、テレビのインタビューで「自分の周りに立ち込めていた霧がサアッと消えていくような気分になった」と、晴れ晴れとした表情で述べていたことが印象に残っている。死刑執行に参加しても娘は生き返るわけではなく、この母親はこれから先も重い十字架を背負い、苦難の道を歩いていかなくてはならない。しかし、彼女はボタンを押した時点で、やっと新たな人生の再スタート地点に立てたのである。まさに文字通り、人生のリセットボタンを押したわけである。

平成二十二年七月、当時法務大臣であった千葉景子氏が、実際に死刑に立会い、眼前の出来事にショックを受けたのか、刑場をマスコミに公開し、死刑制度の見直しを検討するなどと述べていたが、法務大臣としては軽率な行動であった。

それ以前にも、助産婦出身や敬虔な仏教徒の法務大臣がいて、生命の重さは地球より重く、自己の信念に反するなどと言って死刑執行への署名を拒否していたが、話の方向性が明後日を向いていると言いたくなってしまう。今後もこんなことが続けば、死刑執行命令権を法務大臣から検事総長に移す方向で刑訴法（第四七五条一項）を改正する必要が出てくるかもしれない。

余談だが、政治派閥や選挙協力などで閣僚のポストを振り分けるから、こうなってしまうのである。

刑法などの法律は、国民が選んだ国会議員が、国会のルールに基づき採決して成立した、民意を反映したものである。そして、死刑を含めて人に刑罰を課すには、その刑罰がすでに法律などで規定されているものでなくてはならないとする、罪刑法定主義が極めて厳格に貫かれている。また、適用に当たっては、警察が証拠を集めて検挙し、法廷で検察官VS弁護人（士）が丁々発止の論戦を行い、そして裁判官が公平な立場から悩み抜いて判決を下し、刑が確定されるのである。法務大臣はこの裁判所の決定を忠実に履行する立場にあり、個人的な宗教観などで執行署名を拒否したりしてはならないはずである。

平成二十二年に内閣府が実施したアンケートでは、国民の八五・六％が死刑はやむを得ないと答えている。そして平成二十六年十一月現在、一二七人もの死刑確定囚がおり、そのうち数十名が判決から十年以上経過している。

現代政治の究極の命題は「法の支配」による統治である。確定した死刑を粛々と執行することこそが、まさに究極の法の支配ではないか。そしてこれは、憲法の大原則の一つである三権分立を遵守することでもある。

■組織犯罪に対応する法の整備

騒乱罪（刑法第一〇六条）や多衆不解散罪（刑法第一〇七条）などのように、複数の者がかかわらなければ犯罪が成立しないものがいくつかあるが、ほとんどの犯罪は単独で行い得るものである。そして、二人以上で共同して行った時は、刑法第六十〜六十二条の共犯規定により、一部を除き、同じ法定刑の範囲内で罰則が適用されることとなる。ただ、二人以上で共同して行われる場合、単独犯よりも悪質で重大な結果を伴うことが多いので、例えば暴行（刑法第二〇八条）、脅迫（刑法第二二二条）などの犯罪は、暴力行為等処罰に関する法律で、刑法の法定刑より多少重く罰せられることとなっている。

また平成十一年、いわゆる暴力団対策三法の一つとして組織犯罪処罰法が制定され、殺人、詐欺、恐喝など、かなり多くの犯罪に適用されることとなった。しかし、例えば殺人に関して見ると、刑法に規定する法定刑が死刑、無期懲役、五年以上の懲役であるのに対して、組織犯罪処罰法は五年以上の懲役が六年以上となっているだけで、ほとんど変わっていない。

同法を適用するには、一人ひとりの役割分担と指揮命令系統など組織性の精緻な立証が不可欠であり、全国的に見ても、これまでさほど多くの適用はなく、充分なダメージを与えきれていないようである。

また、その名称からして、極左暴力集団などの集団・組織を取締りの対象としたと思われる破壊活動防止法という法律もあるが、これも暴対法と同じく暴力団や極左集団の存在そのものを規制するものではない。地下鉄サリン事件が発生した際、この法律の名前を聞いたことのある国民の多くは、その適用を期待したと思われるが、結局は要件に該当しなかったのか、適用されずに終わった。あの狂気集団により数千人の被害者が出た事件にさえ適用されないのであれば、恐らく将来にわたっても使われることがない無用の長物であると推測され、〝戦艦大和法（砲）〟などと呼ばれてもおかしくない。

ところで、あの麻原彰晃死刑囚はもうとっくに死刑になったと思っている方もおられるだろうが、実はまだ生きている。恐らく死刑は執行されず、獄中で自然死することになるではなかろうか。

「物――拳銃」対策

平成十九年、現職の長崎市長が選挙運動中、暴力団員に射殺された事件は、国民に強い衝撃を与えた。また同年、佐賀県武雄市で、入院中の会社員が暴力団員と間違えられて射殺されるという痛ましい事件も発生した。

このように、拳銃などの銃器を使用した犯罪が後を絶たないが、そのほとんどが暴力団によって密輸入され、また使用されている。国民が暴力団を恐いと思うのは、まさに拳銃を所有しているからと言っても過言でない。仮に暴力団が拳銃を持たないとすれば、その恐ろしさは随分と減ずるであろう。

拳銃でなく刀物などを使用した場合、腕っぷしの強い者から逆襲される場合があるし、格闘に時間がかかり、一一〇番で駆けつけた警察官に捕まるリスクも格段に増すであろう。また集団で会社事務所に押しかける場合も、会社に何十人、何百人の従業員がいれば多勢に無勢で、反対に逆襲され大きなダメージを受けることも考えられる。

しかし、現実にヤクザは拳銃を持っている。個人では持たなくとも、組として持っていない組はまずない。持っているヤクザと持っていない一般人とでは、そこに雲泥の力関係の差が生じる。

従って当局は、拳銃の密輸防止にもっと力を入れなければならないが、如何せん、領土を海に囲まれている日本では、海からの流入を完全に阻止することがほぼ不可能に近い。また空輸にしても、国際化で人の出入りが激しくなっている現在、すべてを摘発するのはなかなか難しい。従って、瀬戸際で密輪をできるだけ阻止することに加え、銃を所持した者に厳罰を課すという威嚇で予防していかなくてはならないだろう。

この点について、以前、我国は非常に甘かった。

私が最初に拳銃を押収したのは、暴力団関係者の居住するマンションに、ガサ状（捜索差押許可状）を持って踏み込み、居間のテレビ台の下から三八口径拳銃一丁と実弾数発を発見した事案であった。この件で組員は懲役二年が確定、服役した。当時でも、私たちは刑が軽すぎるのではないかと思っていたが、裁判官はそうは認識していなかったのである。

その後も、拳銃による凶悪な殺人事件や暴力団抗争に伴う発砲事件が続発し、実包（実弾）と拳銃を同時に所持すれば三年以上の懲役となる加重所持の規定（銃刀法第三十一条の三）や、拳銃を発射すれば人に当たらなくても無期または三年以上の懲役となる発射罪（銃刀法第三条の十三、第三十一条）などの罰条が整備されてきたが、それでもまだ所持を断念させるには至っていない。

もう二十年以上も前の話であるが、シンガポールに旅行した際にガイドから聞いた話では、同国内での拳銃不法所持は無期懲役に近く、人に向けて撃ったら、たとえ命中しなくても死刑になる場合もあるとのことであった。

これと同様に、拳銃を使用しての殺人事件は、原則、死刑または無期懲役にすれば、実行行為に手を挙げる、いわゆる鉄砲玉も少なくなるだろう。また、それを教唆する組長としても、捕まった場合の組員や残された家族の面倒見、また自分自身にかかってくるリスクを考えれば、そう易々と命じられなくなることは間違いない。

我国では、天正十六（一五八八）年に豊臣秀吉が浪人や農民の抵抗を抑止するため、刀狩りを実施した。それ以降現在に至るまで、この伝統が連綿と引き継がれて、治安維持の根幹をなしてきた。

ただ、前述したように、貴重な伝統が暴力団によって破られ、今や暴力団の銃所持は世間の常識となっているが、これまでは暴力団同士の抗争にしか使用されなかったため、銃取締りの必要性も、さほど逼迫《ひっぱく》した状況にはなかったと言える。しかし、近年は福岡県北九州地区などで一般人が銃の被害に遭う事案が頻繁に発生し、法を遵守し銃を持たない市民が「銃の餌食となる自由」しかない社会になりつつある。

これを防ぐために、密輸入を食い止める水際作戦の徹底に加え、すでに拡散している銃の押収、銃を持つことに心理的歯止めをかけるための法改正を重畳的に実施していくことが、喫緊の課題となっている。

■警察と海上保安庁などとの連携強化

密輸品は海ルート（船）か空ルート（飛行機）で入ってくるが、拳銃は覚醒剤と違い金属製で重く大きいものであるため、空ルートはなかなか難しい面がある。

そうすると海からのルートとなるが、税関検査をくぐり抜けるのはかなりリスクがあり、容易ではない。従って、税関を通らずに陸揚げすることとなる。例えば、海上で直接受け取ったり、防水加工して海中に投下されたものを回収したり、あるいは、木や石をくり抜いた中に入れ、警備の薄い港のコンテナに隠したりする。

これを海上保安庁が押収・検挙しても、拳銃密輸はそのほとんどが暴力団絡みであり、その後の暴力団事務所の捜索、関係組員の追跡・逮捕については警察との共同なくしては遂行し得ない。逆に警察としても、海上での検挙には、高性能の船と海の知識・経験を持つ海保との協力が必要となる。また、通関検査は、第一次的には税関にしか権限がないことから、税関と警察の協力も不可欠となる。

警察と海保の連携は、以前に比べて密になってきているようであるが、所詮は別々の組織であるため、片方が一方を指揮するという関係にはない。競合事案が発生した際は協議を行い協力体制を作るが、緊急重大事案の場合、捜査方針などをめぐって迅速に共同対応できない場面も出てくるだろう。

これを防ぐため、警察庁と海上保安庁の両庁を傘下に置き、一元的に指揮する上部組織として「警察省」を設置しては如何だろうか。そうすれば、尖閣諸島の事案などにも、より迅速かつ強力に対応できるだろう。

■緊急捜索規定の新設

本章冒頭の「『人』対策」で、捜索差押許可状の緊急執行や緊急捜索の必要性を述べた。

警察官が警ら中、暴力団らしき者がこちらに気づき慌てて拳銃のようなものをバッグや車のトランクなどに移し替える動作を目撃しても、現在の警察官職務執行法では、そのバッグやトランクの中を強制的に見ることができない。

外部から触れる程度のことはできても、チャックを開いて見ることは、強制にわたる捜索行為として違法である。また、この時、仮にバッグの中から拳銃を発見しても、違法収集証拠となり、結果として拳銃は押収されなかったことになるのである。

令状なしの緊急捜索を認めると、警察官の職権濫用につながりかねないと心配する向きもあろう。しかし、緊急捜索を実施しても拳銃や覚醒剤などを発見できなければ、相手から国家賠償法に基づく損害賠償請求を受ける恐れがある。それ以前にまず、捜索現場で見せまいとする相手と丁々発止の口論、もみ合いになることは必至であり、安易に実施する物好きな警察官はまずいないと思われる。対象を拳銃、覚醒剤などに限定してでも、ぜひ法制化してもらいたいものである。

■通信傍受法の改正

平成十一年、いわゆる暴対三法として組織犯罪処罰法などとともに通信傍受法が制定された。

太平洋戦争中、日本軍の作戦内容や艦隊の動きなどがアメリカ軍に逐次傍受され、大編隊による待ち伏せ集中攻撃を受けたことが、個々の戦闘での大きな敗因になったと言われている。あの山本五十六の乗った艦載機がブーゲンビル島上空で撃墜されたが、この時六機の零戦が護衛に当たることもすべて傍受されていた。

暴力団による拳銃や覚醒剤取引の状況を傍受できれば、大きな取締り効果をあげることができる。しかし、通信傍受法が制定されたにもかかわらず、実際の実施事案は少なく、その効果は限定的であるように見える。*

*二〇一五年五月現在、傍受対象は数人の共謀によって実行される組織的な殺人、薬物、銃器、集団密航犯罪に限定されているが、改正案ではこれらに加え、傷害、窃盗、詐欺や児童ポルノ事件でも組織的犯罪の疑いがあれば傍受可能とし、罪種拡大を図っている。

内容が内容であるが故に、成果も公にしにくいのかもしれないが、拳銃の押収量は減少傾向をたどっているし、覚醒剤押収に関しても、同法のお陰で毎年コンスタントに検挙例があがっているとも聞かない。同法の要件暖和が叫ばれる所以である。

同法には、通信を傍受できる要件として、犯罪の十分な嫌疑、犯罪関連通信が行われる疑い、捜査の困難性（補充性）、通信手段の特定などがあり、さらに次のように定められている。

・令状を請求できるのは検察官、また警察官にあっては警視以上の者（通常逮捕状請求権者は警部以上の者であり、逮捕の場合以上に厳しくなっている）で、事前に本部長に報告し

承認を得ること
・傍受期間は着手して十日以内（三十日まで延長可）
・傍受実施の際には、通信手段の管理者（例えばドコモやソフトバンクなど）の立会いが必要
・傍信した通信は記録媒体に記録し、封印して裁判官へ提出しなければならない
・通信の当事者（被傍受者）に事後通知をしなくてはならない
平成十一年に施行されて以来、今日に至るまで同法の活用状況は極めて低調であると言われる。その原因は要件の厳しさに加え、傍受後の手続き、とりわけ相手方（被傍受者）に対する事後通知がネックになっているのではないだろうか。

その理由は、当該傍受により被疑事実の関連情報を傍受したが、直ちに検挙に持ち込めないような場合に、次のような恐れがあるためである。
①通知することで、それまで数カ月あるいは数年続けてきた内偵を相手に知らしめることとなり、それまでの苦労が水泡に帰す
②相手に通知した際、激しい抗議を受ける可能性がある
①については、理由があれば通知の延長が可能であり、ある程度回避できるので、むしろ②が真の原因となっているのかもしれない。

通信の秘密は、憲法が保障する重要な権利の一つであるが、時と場合によっては、公益と比較衡量し、その侵害もやむなしとすべきではないだろうか。

裁判員裁判でも、相手が特に凶悪な暴力団などの場合、裁判官のみで審理する例外があるようだが、相手方への通知も、特にそれが特定危険指定暴力団などの場合は免除すべきであろう。

■銃犯罪の重刑化

社会経済学のある理論の中に「量の変化は質の変化を生み出す」というものがある。現在、一般国民が日常の中で手にできる武器といえば包丁か木刀、あるいは鉄パイプぐらいであろうが、ここに拳銃が加われば、特に武器の危険性に質の変化をもたらすのである。

拳銃を所持する者とそうでない者には、格段の力の差が生ずる。悪い輩の所持を許せば、正直者の市民は「ヴィクティム（餌食）になる自由」しかなくなるのである。

前述のように、長大な海岸線に囲まれる日本で、密輸入を完全に取締るのは物理的に不可能である。従って、所持－無期懲役　使用－死刑などと処罰を重くして防がなければならない。

仮に将来、銃による一般市民の犠牲者が増え続けるとしたら、市民から、自己防衛する権利として銃を解禁せよとの、アメリカ並みの世論が起きるかもしれない。これを避けるためにも、今こそ、しっかりと銃の蔓延を取締る方策を打たねばならないのである。

「金――資金源」対策

私が警察官を拝命した昭和五十二年当時、暴力団員一人当たりの収入は約一千万円と推定されていた。当時、全国に約十万人の暴力団員がいるとされていたため、一兆円産業とも言われた。

平成に入って間もなくバブルがはじけ、「失われた二十年」に突入し、ヤクザの経済活動にも勢いがなくなったように思える。かつては、金ピカのブランド品を身につけ、若くて綺麗な女性を伴い、高級車で一流クラブに乗り付けては、膨んだ財布から札束を出し気前よく支払う光景が散見されたものである。

ヤクザは体を張って生きているから、飲む、打つ、買うで、今の瞬間を楽しめばよいと刹那的生き方をする。だからこそ今を楽しむ金に執着するのだ。

さらに組長ともなると、会社経営者と同じで、組織を維持するための諸々の金――事務所の維持管理費、本家への上納金、他の団体との交際費（慶弔費）、公判中の組員の弁護士費用、服役中の組員家族の生活費、拳銃や高級車の購入費……等々が必要となる。金回りが悪くなると、次第に組員が離脱し、新しい組員も入ってこなくなり勢力が減退、組が解散に追い込まれたりする。あるいは、弱ったライオンがジャッカルの群れから攻撃を受けるように、反目する組や、時として組内の配下の者からも命を狙われたりすることとなる。ヤクザにとっては、金の欠乏が文字通り命取りになるため、資金源を死守するため手段を選ばず執拗な抵抗をするのである。

当局は資金源対策を推進する際、協力する者には、事件の被害届を出した市民と同様のリスクがあることを充分に念頭に入れて、慎重に進めなくてはならない。

■中止命令の活用

平成四年に暴対法が施行されたが、その主たる狙いは、ヤクザを経済的に追いつめ、弱体化を図ることであった。

それまでは刑法などを適用して、身柄を社会から隔離することに主眼を置いていたが、それだけでは充分なダメージを与えきれなかった。そこで経済的な不当要求行為に対して中止命令・再発防止命令を発し、それでも止めない場合は逮捕して懲役・罰金などの刑罰を加えることとなったのである。

施行時、中止命令の対象行為としては、みかじめ料の要求、用心棒代要求など十一項目を定めていたが、その後数度にわたって追加された。そして平成二十四年には、

・建設業者に対し、その者が拒絶しているにもかかわらず、建設工事を行うことを要求すること

・人に対し、国等が行う売買等の契約に係る入札について、当該入札に参加しないこと又は一定の価格その他の条件をもって当該入札に係る申込みをすることをみだりに要求すること

などが加えられて、平成二十七年一月現在、二十七種の行為が対象となっている。

この中止命令に対する評価は捜査官の中でも様々である。市販の胃腸薬と同じで、「効いたと言えば効いたような気がする」と言うベテランの捜査官もいるが、思ったより効いていないという否定的な声も多い。具体的には次のような意見である。

・暴力団員がみかじめ料などを要求した場合、そのまま行けば刑法の恐喝罪などの重罪で検挙できるのに、事前に相手に教えてやるようなもので、かえって暴力団に利する結果となる。事実、この手の中止命令の呼出しに組員が喜々として出頭し、お礼の言葉を述べて帰ったという話も聞く。

・従前から存在するスナックなどの飲食店に対しては、暴対法施行後に改めて指定暴力団の肩書きを示して脅す必要はなく、新たに開店した店にも暗黙の了解で引き継がれているので、中止命令の対象となる場面はそれほど多くない。

・刑法上の恐喝罪で被害届を出す場合も、暴対法の中止命令を出してもらうため警察に届出るのも、当事者にとっては同じく勇気のいる決断を迫られる。さらに中止命令違反での懲役は短いため、出所してきた時のお礼参りが恐い。

これに対し、効果があるとする立場は次のような理由による。

・従来、例えば刑法上の恐喝罪に至らない程度の脅しの場合は、任意の警告しかできなかった。当時はヤクザ側から、「恐喝しとらんのに、何で警察が出てくるんや」などと言われたものだが、そんな逆《さか》ネジを喰う（逆にやりこめられる）ことなく、暴対法の中止命令対象行為に当たるとして、自信を持って対処できるようになった。

・中止命令に違反すれば短期とはいえ懲役に行くこともあり、これを嫌がるヤクザは意外と多い。実際にヤクザから、資金獲得活動がやりにくくなったとの声も多く聞かれる。

・全国の暴力団構成員・準構成員の数は、暴対法が施行された平成四年は九万六百人であったが、平成二十四年には六万三二〇〇人と三割ほど減少しており、暴対法及び暴排条例などの効果がかなりあったと思われる。

以上を踏まえれば、ある時は中止命令なしで刑法犯として検挙、ある時は中止命令と、ケースに応じて使い分ければよいだろう。大変なエネルギーを費やして制定された暴対法を活用しない手はない。

■使用者責任の追及

前述のように暴対法の中止命令を胃腸薬にたとえた捜査員がいたが、暴対法全体の効果を見ると、抗癌剤と言った方がよいかもしれない。

抗癌剤は使わない方がいいという医師もいるが、一時的には癌をかなり縮小させるし、特定種の癌で早期発見の場合、他の治療とあわせて施用すると、延命に効果があるだけではなく、完治する場合もあるとされる。暴対法も、これに近いものがあるのではないか。

そして、この暴対法をより効果的なものとしたのが、使用者責任に関する規定である。

それまで配下の組員が拳銃などで誤って一般市民などを殺傷した場合、民法第七一五条に規定される使用者責任は、そもそも暴力団抗争が事業に当たるかという問題や、組織のトップと実行組員との指揮監督関係の立証などがネックになり、なかなか適用されなかった。

平成十五年、いわゆる藤武訴訟[*]で大阪高裁が山口組最高幹部に使用者責任を認めた。これが契機となり、平成二十年、暴対法の第三十一条で、指定暴力団の構成員が凶器を使用して他人の生命・身体、財産などに損害を与えた場合、代表者らに賠償する責任を課した。

＊藤武訴訟
暴力団組員に射殺された京都府警の警察官の遺族が、五代目山口組・渡辺芳則組長らに損害賠償を求

めた裁判で、大阪高裁は同組長らに八千万円余りの支払いを命じた（平成十五年十月三十日）。警察官や市民が抗争に巻き込まれた事件で、山口組最高幹部の責任を認めた初めての判決。

多くの場合、末端組員は資力に乏しく損害賠償能力がないため、従来被害者は泣き寝入りするしかなかったが、この規定により被害者が救われるばかりでなく、親分クラスに大きな経済的ダメージを与えることとなった。さらにこれらの訴訟によって、山口組などにおいて喧嘩や抗争の自粛ムードが広がり、関西地方などを中心に、拳銃などを使用した抗争が著しく減少するという大きな副次効果をもたらした。

またその後、同法第三十一条の二で、「威力利用資金獲得行為に係る損害賠償責任」の規定が追加され、構成員がみかじめ料など要求する際に他人の生命、身体、財産に被害を及ぼした場合も、代表者（親分）らに同様の責任を課した。

昔は、みかじめ料徴収などの被害を受けた者がヤクザ側から金銭を取り戻すことはまずなかったが、この規定により一定の場合弁償を受けられるようになったのである。

■国税査察官の警察出向

溝口氏がその著書『暴力団』の中で、

「税務署が面倒そうな人間を避け、取りやすいところから税金を取っているのは広く知られた事実です」

と指摘しているが、当たらずといえども遠からずであろう。

ヤクザの親分らは豪邸に住み、高級車を何台も所有しているが、所得税はあまり納めていない。自治体から受けとった補償金など、隠しようのない所得の税金については支払いに応じるが、表・裏経済を問わず、自らが稼いだ所得についてはまず支払わないか、支払っても申し訳程度で、本来支払うべき額より極めて少ない場合が多い。

警察は捜査の過程で不法収益を得ていることが判明した場合、税務署に対して課税通報を行う。これを受けて税務署が調査し、不正が判明すれば重加算税などを徴収することになる。しかし、全国的に見ても警察による課税通報はさほど多くない。

課税するには、ヤクザが得た収入に関して、その「入り、たまり、出」など金銭の流れを立証しなければならない。そのためには、簿記や手形、小切手などに関する知識に加えて、業種ごとの誤魔化しどころを見極める経験と勘が必要だが、警察の捜査官にはそれらが充分ではない。県警によっては公認会計士を特別枠で採用しているところもあるようだが、成果はイマイチのようである。やはり「餅は餅屋」であるから、警察としては内偵段階から税務署員の力を借りたいところである。

一方の税務署員は、税務知識はあるものの、ヤクザなどの凶暴性のある者に対しては、平たく言えばビビッてしまい、なかなか厳しい調査に踏み込めない。この点においては、ヤクザの天敵である警察の協力を受ければスムーズに運ぶこととなる。従前から両者の会合が行われ、協力の必要性はお互いに認識されてはいるが、所詮、別の組織であり、一つの指揮のもと強力に推進するまでには至っていない。

ここまで述べてきたように、暴力団やエセ同和団体などが関与する会社からきちんと課税徴収するためには、税務に関する豊富な知識と、相手からの脅迫まがいの妨害などを毅然として排除する力の双方を兼ね備えなくてはならない。警察がより税務知識をつけるか、税務当局が単独で暴力団などを圧倒する執行力をつけるかであるが、いずれも簡単ではない。

平成二十六年九月、警察庁や福岡県警が国税局に警察官を派遣して、関連企業が脱税した金を暴力団に流す仕組みなどを勉強させていると新聞などで報じられていたが、その知識を一朝一夕に収得するのは容易ではない。また、逮捕権もなく武道訓練も受けていない税務署員に、単独で暴力団を凌駕《りょうが》する気力、体力を求めるのも酷である。

そうなると、やはり両者の職員が一体となって共同作業することが現実的である。

元警察官である私の個人的見解としては、税務当局には申し訳ないが、一定期間、査察官が警察の組織犯罪対策部門などに出向して共同作業を行うのが効率的ではないだろうか。財務省、国税局にとっては、虎の子の国税査察官を外に出すのは痛手と思われるが、国家のため省益を越えて仕事をするのは、ある意味で官史の義務である。さらに言えば、警察の力を利用して脱税摘発が進むのなら、省益にもかなうことであろう。

■金融機関対策

巨額の不法収益を隠すために、いわゆるマネーロンダリング（資金洗浄）が行われている。平成十五年、山口組五菱会が不正貸金で得た収益について、スイス、香港などの銀行を通じて資金洗浄していたことが発覚し、大きな注目を浴びた。

警察庁は全国銀行協会に対し、不自然な取引などを認めた際には通報するよう指導しているが、これに基づく不正解明は極めて低調のようである。また最近は、振込め詐欺などによってヤクザや半グレ集団が莫大な利益を得ているが、摘発されているのは氷山の一角である。

銀行などを使えば必ず痕跡が残るので、彼らも偽名を使い、捜査の手が及びにくい外国銀行などを利用することになる。この点についての捜査力アップが喫緊の課題である。

また、脳出血の治療にたとえれば、いくら止血をしても、一カ所治療不能の箇所があれば状況は改善しないのと同じである。一つの銀行が無防備であれば、暴力団の資金はここから外国などへ流れてしまい、他の無数の銀行に莫大な時間と人数をかけても、ほとんど無駄となってしまう。今一度、銀行、信用金庫など外国為替を取扱うすべての金融機関について検証を行う必要があろう。

各銀行は、政府指針や条例に基づき、暴力団との取引を自粛している。ヤクザにとっては家賃や電気、ガス料金の支払いや子供の給食費の引落しもできなくなり、大きな不自由となってきている。いくら暴力団とはいえ、このような制約は基本的人権の侵害だとの主張もある。しかし、暴力団の絡む振込め詐欺が大きな問題となっている現状では、銀行口座開設禁止などの措置もやむを得ないであろう。

■建設業界からの排除

大型の公共・民間工事は、工事完成まで数年から十年を超える場合もあり、延べ総工費も数百億から数千億に及ぶものがある。

これらの工事に、息のかかった下請け業者などを入れ、継続的に一定の収入を得ることができれば、暴力団にとっては大きな資金源となり、ひいては組織の維持・発展に役立てることができる。従って、これらの資金源獲得には首領クラスが直接関与することが多い。

建設業界から暴力団への資金流入を絶つ有力な方法の一つは、暴力団の親族などの名義で暴力団自身が実質的に経営する会社や、いわゆる企業舎弟が経営するフロント企業を工事から排除することである。

建設業（土木、建設など数十種類ある）は、規模の大きい特定建設業であれば国（国交省）、それ以外の一般建設業は県（知事）の許可を得なければならない。暴力団員本人の名義で申請すると法律により許可されないが、その妻や兄弟などは、親族であっても暴力団員とは別人格であり、憲法上の職業撰択の自由などの基本的権利により不許可とはならない。

現役時代、暴力団親交企業を建設業法違反などで検挙したが、数カ月から半年の指名停止処分を受けた後、実質的に同一の会社が親族らの名義で再デビューすることがあった。しかも皮肉なことに、警察が検挙したことで暴力団親交企業とのお墨付きを与えることとなり、逆に周囲の企業から恐れられパワーアップした会社もある。

今、暴力団と関係を有する下請け業者を官・民の工事から排除しようとする動きが全国的に活発になっている。福岡県暴排条例では、暴力団から下請け参入を働きかけられた業者は県に通報しなければならず、通報しない時は指名停止処分対象となるなど厳しい処置が課せられることとなった。

また、平成十九年に政府の犯罪対策閣僚会議の幹事会申合せとして「企業が反社会的勢力による被害を防止するための指針」が策定された。さらに、平成二十二年の第十六回同会議では、上記指針のさらなる普及・啓発の一環として、「業種ごとの標準契約約款における暴力団排除条項のモデル作成の支援」が行われることになった。暴力団と契約しないこと、わからずに契約した場合は一方的に解除できる旨などが定められ、民間発注の大型工事などでも、暴力団親交企業の参入が難しくなってきている。

しかしながら、建設業界からの収益は覚醒剤、賭博、管理売春などの裏経済とは異なり、表面的には土木・建設などの許可を受けた下請け企業を入れて行う合法的な表経済の一つである。また、安定的収入を得られるドル箱的資金源でもあるため、彼らも簡単には手放さない。

また業者側も、かつては暴力団の力を利用して競争相手を押しのけたり、あるいは立退きや補償条件でもめた場合にその力を利用したりという腐れ縁もあり、なかなか全面的排除には至っていない。

最近、北九州地区では元請け業者であるゼネコンの社員や、二次・三次の下請け業者を選定・整理する名義人が、拳銃や刃物で襲撃される事件が相次いでいる。これらは、暴力団にとって建設業界からの収益が如何に重要であり手放すことができないものであるかを物語っていると言えよう。

土木・建築・産廃業などからの暴力団排除は、資金源対策の中でも最も重要なものである。その成否は、公共工事発注に直接・間接にかかわる各自治体の首長・助役や、手続きを進める上で行政対象暴力の対象となり得る担当職員、発注を承認する議会議員などの姿勢に大きく影響される。事なかれ主義は税金を納めてくれている市民への背信行為であることを今一度自覚し、いわゆる行政対象暴力については、警察とより積極的に連携し、毅然とした態度で対処していただきたい。

第三章

社会復帰対策

離脱組員の社会復帰を確実に

離脱組員の実態

世間から暴力団員を除々に少なくしていく方法は、端的に言えば次のようなものである。

①現役の構成員を検挙し、長期隔離すること

②新規加入を防止すること

③服役終了後などに離脱を図る者に手を差しのべて社会復帰させ、元に戻らせないこと

三つめに関して言えば、暴力団を辞めて公務員になったり、一部上場企業に入社したりする者など恐らく皆無に近く、地方のしっかりとした中小企業に勤務している元暴力団員もほとんど見かけない。

私は現役時代、組織を離脱していった者を少なからず見てきた。所払いを喰って所在不明の者、ヒモ生活を細々と続ける者、あるいは怪しげな物品の販売などの仕事を営み、暴力団周辺者のままで留まる者も多く、本来の意味での社会復帰はなかなか実現していない。

平成二十六年四月、NHKで「暴力団　消えた一万人」と題する番組が放映された。過去五年間で暴力団構成員が約一万人減少したとして、元組員の証言なども交えながら、その後の生活実態を明らかにする内容であった。この番組でも、離脱者が安定した職に就けず、うまく社会復帰できていない実態が浮き彫りにされていた。その原因として、もともと仕事嫌いでスキルを備えていない者が多いこと、現実として元暴力団員を受け入れてくれる企業が少ないこと、そしてより根本的には、国家的に就職を斡旋するシステムが充分整備されていないことが指摘されていた。

国家的な離脱援助・就職斡旋システムの構築

とにかく、我国の刑事防犯政策は伝統的に金をかけない。例えば、非行少年らを保護観察する保護司は無報酬（個別的な対応費、例えば交通費やお菓子代などは出る）であるし、地域の安全・安心のため住民の有志で行う青色防犯パトロールも、巡回に使用する車両、ガソリン代は手弁当であることが多い。

安全はただではない。市民の善意だけではダメだということを、当局はもう少し強く認識しなければならない。

暴対法により、暴力追放運動推進センターを都道府県ごとに設置することが定められた。同センターは暴力団からの離脱希望者に対する個別指導、助言などを行う公益法人である。また、公安委員会は離脱希望者への就職援助など、暴力団員の社会復帰のための援護措置を同センターと連携しながら行うとされており、同センターをはじめ関係機関・団体、協賛企業などからなる「社会復帰対策協議会」が全都道府県に設置されている。この一環として各県には、警察OBなどからなる社会復帰アドバイザーが置かれているが、残念ながら目を見張るべき成果をあげているとは言い難い。近年、当協議会の斡旋で就職した離脱者は、全都道府県を合わせても平成二十二年に七人、二十三年三人、二十四年五人、二十五年九人と低迷している（「西日本新聞」平成二十六年十一月三日）。

離脱者受け入れシステムが真に稼働するためには、受け入れた会社に税制上の優遇措置を与えるなどの措置が必要だろう。もっと言えば、民間だけに頼るのではなく、国が主体となって離脱者を二、三年間収容・保護し、特別に職業訓練を施すようなセンターを作らなければ、なかなか軌道に乗ることはないと思われる。

平成二十七年一月現在、元暴力団員を含む全出所者（仮釈放中の者も含む）の更生を図るために設けられた民間委託の更生保護施設は全国に一〇三カ所（合計定員二三五〇人ほど）、国直営の自立更生促進センターは北九州（定員十四人）と福島（定員二十人）の二カ所に存在するのみである。

また、その運営においても、「入所に当たっては本人の入所希望意思が前提であり、人員の確保が必ずしもうまくいっていない」「入所しても在所期間が比較的に短く、退所後の行き先が見つからない」などの問題が生じているといい、真の社会復帰の架橋にはなっていないように思える。出所者目線に立ち、行先のない体を安心して預けられる施設となるように、さらなる改善が求められるところである。

第四章

暴力団排除活動の推進

警察が牽引し充分なセーフティネットを！

暴力団対策においては、取締りと暴排活動を同時並行的に進めることが肝心である。そして暴排活動は、警察と住民が車の両輪の如く力を合わせて進めなければならない。

この両輪は、片側の車輪が警察で、反対側の車輪が一般住民であるとイメージされるかもしれないが、そうではない。例えば前輪駆動の車であれば、前輪が警察、後輪が一般住民であるべきだ。つまり、牽引するのはあくまで警察である。

もう一つ大事なのは、暴排活動に伴う危険から守るため、住民に対してセーフティネットをきちんと張ることである。

平成二十四年の福岡県暴排条例で、建設業者に対し暴力団側から下請け参入などの働きかけがあった場合に通知義務が課されたことは前にも述べた。

暴力団と関係のある業者も、もともとは暴力団に金を出したくはなかっただろう。しかし、そうしないと工事現場に置いてあるユンボなどの重機が毀損されたり、工事現場事務所が放火されたりして、本人や家族のみならず、従業員の身の安全・財産をも脅かされるため、不本意ながら関係を続けている者がかなりいるのである。

一部に暴力団とのつながりを積極的に持ち、他の業者を威圧しておいしい仕事を取っている業者もいるが、最終的には尻の毛まで抜かれ、倒産する者が少なくない。「自分の時代で関係を断ち切り、子供に引継ぎたい」と本音をこぼす経営者もいる。

暴力団親交業者と言われている者のほとんどは条例施行前から暴力団との関係が継続しているだろうから、関係が露見した場合は、積極的に利用していた者、やむを得ず関係を続けていた者などを区別し、ケース・バイ・ケースで対処することが必要となる。

暴力団との関係を断つには、清水の舞台から飛び降りる勇気がいるが、その舞台の下に堅固なネットが張られていなければ、飛び降りる決心もつかないのである。

市民の協力を得るには、いわゆるお礼参りなどによって犠牲者を出さないことが最重要課題となる。しかし、数に限りのある警察官の中から、四六時中、被害者や暴排リーダーら全員にガードを付けることは物理的に不可能である。また、かなりの数を当てたところで、強大な軍事力を誇る米軍がアフガン、イラクなどにおいてテロ攻撃を完全に防ぎきれないのと同様、完全に防止することはできない。これが暴力団対策の最大のネックとなっている。

とは言え、現実的には、警察が最大限の人数を出すため専門の部署を作るとともに、捜査員の訓練によるスキルアップや装備・資器材の充実を図り、市民の信頼を得ていく他はない。また、お礼参りで一般市民を殺傷した場合、法定刑を通常の刑に比して格段に重くするなど、法律の改正・整備を図る必要もあるだろう。

福岡県においては、昭和六十三年三月、暴力団取締りに従事していた元幹部捜査官の自宅が深夜、工藤連合草野一家（現工藤會）の組員らによって放火され、同家と隣接する一般人の家屋が全焼する事件が発生した（犯人数名を検挙）。

また最近では、平成二十四年四月、同じく現役時代に暴力団取締りに長年従事していた元特捜班長が、再就職先の職場に徒歩で出勤中、何者かに拳銃で太腿を撃たれ重傷を負う事件が発生した。平成二十七年五月現在、犯人は未だ捕まっていないが、暴力団の犯行に間違いなく、極めて悪質な事件である。

警察官が被害者となった場合、世間に「暴力団は警察でさえ襲う凶暴な存在」というイメージを増幅させ、暴排運動などを大いに萎縮させてしまう。これを防ぐためには、体制強化による未然防止と、発生した場合の徹底した検挙を図っていくしかない。しかし、暴力団側も犯人がばれた場合に求刑が相当重くなることや、共犯者の追及や所属組織への取締りが熾烈を極めることを充分認識しているため、犯行は用意周到で検挙困難となっている。

今後も前述のような襲撃が、仮に北九州地区だけでなく全国的に頻発した場合は、しかるべき法整備などがなされるまで、警察も超法規的な対応をすべきだとの主張が出てくるかもしれない。

現在、日本の警察は正攻法で粛々と捜査を続け、法治主義による法の支配をかたくなに遵守している。将来もこうあり続けてもらいたいものである。

公営住宅からの暴力団関係者の追出し

従来から市・町営などの住宅から暴力団員やその事務所を追出すべく、市町村などの地方自治体が警察と連携し、その実態把握の強化を図ってきた。

税金で建てられた公営住宅に暴力団員が居住したり、いわんや組事務所が入るとは何事だと言って追出しにかかるのは、しごくもっともな話である。しかし現実には、かえって新たな問題を惹起している。

なぜなら、これらの組員が公営住宅を出て野宿するわけがなく、どこか新しい住居を見つけて入り込むからである。例えば、サラリーマンが一生に一度の買物として分譲マンションを買ったところ、その一角に暴力団員が入居してくれば、マンション全体が蜂の巣をつついたような大騒動になるだろう。

全国のあちこちに、いわゆる筋の良くない者が多く入院する溜まり場的病院があるが、それにより他の多くの病院が救われているという面もある。また、一部の町営住宅などでは、暴力団員が入居した当時は、石を池に投げ込んだ時のように大波が立ち水が濁ったものの、舞い上がった砂が沈殿していくように、時が経つにつれてそれなりに落ち着いた状況になっているところもある。

平成十八年、福岡県久留米市に本部を置く指定暴力団道仁会が、三代目の継承問題などをめぐって道仁会と九州誠道会とに内部分裂した。その後八年間にわたり、双方の最高幹部、有力幹部を含めた多数の構成員が死傷するという抗争が発生した。その最中に、道仁会の関連施設がお隣り佐賀県のみやき町に移転する計画が発覚、地元は大騒ぎとなり結果的に移転は中止となった。このように暴力団事務所などの移転問題が生じると、必ず新たな移転先で騒ぎが起こることになる。

組事務所の移転は、従来あった周辺住民の負担と、移転先の住民の負担という問題——あたかも放射性廃棄物処理場建設や米軍普天間基地移設と同じような問題を孕んでいる。とにかく追出せばよいというものではなく、諸般の影響を充分に勘案して慎重に対処すべきである。

暴力団排除条項の活用

前述のように平成十九年、政府の犯罪対策閣僚会議が「企業が反社会的勢力による被害を防止するための指針」を策定し、取引を含めた一切の関係遮断など五つの原則を定めた。その後、平成二十二年の第十六回同会議において、政府として「関係業界に対する指針の更なる普及啓発」などの取組みを行うこととされ、その一つとして「業種ごとの標準契約約款における暴力団排除条項のモデル作成」を支援することとなった。

暴力団などの反社会的勢力が、その正体を隠して経済取引の形で企業に接近し、取引関係に入った後で不当要求やクレームの形で金品を要求する手口が多く発生している。また、そのような不当要求などがなくても、暴力団などと何らかのつながりを持つことは、その後の密接交際や利益供与に発展する危険を伴う。

こうした事態を回避するために、契約書や取引約款に「暴力団排除条項」を盛り込むことが望ましいとされている。その機能は、

・暴力団による契約などへの介入予防・防止
・現場担当者の追払いツール（大義名分）
・契約を解除する場合の裁判規範

などである。

今や大手企業の多くは暴排条項を取引約款などに盛り込んでおり、かなりの成果をあげている。とりわけ、窓口となる総務担当者やセキュリティ担当者にとっては、使い勝手の良いツールとなっている。

例えば、福岡県内のホテルにおいても、これらを根拠として結婚式披露宴から暴力団員を事前に排除したり、宿泊契約成立後、暴力団関係者と判明した場合に直ちに契約解除を実行し、部屋から退出してもらったりと、実際的な効果を発揮している。

暴排条項を未だに取り入れていない会社は、第一線で闘っている担当者のためにも、ぜひ制定していただきたいものである。

第五章　暴力団取締り体制の充実

取締り体制の強化

昭和五十八年、私が暴力犯係員を任命された当時、福岡県警の暴力犯専従員は各警察署に四、五人、県警本部刑事部捜査第四課に特別捜査班が五、六班（各班十名程度）であった。
ところがその後、県警本部には暴力団事案の検挙を主眼とする捜査第四課に加え、行政面から取締ったり、資料収集を行ったりする暴力団対策課が増設された。さらに生活安全部の覚醒剤や拳銃を取扱う薬物銃器対策課が刑事部に合体したため、これを束ねる暴力団対策部が刑事部から分離して新設された。

平成二十六年においては、暴力団対策部には組織犯罪対策課、暴力団犯罪捜査課、北九州地区暴力団犯罪捜査課、薬物銃器対策課の四つの課と、かつての五倍近くにあたる三十近い特捜班がある。

昭和五十八年当時も、暴力団壊滅は県警の五大目標の一つとして掲げられてはいたが、あくまで努力目標であり、たとえ潰せなくても、連中の好き勝手にはさせず、警察の手の平の中に押込めておくというのが実態であったと思う。

その後、福岡県南部の筑後地区を中心に道仁会VS九州誠道会の抗争、北九州地区においては暴力団の仕業と思料される建設業者の襲撃事件など、悪質な事件が相次いだため、現状維持の押込みから、実質的な弱体化、さらには壊滅に向けて舵を切ったと言えるだろう。

関ヶ原の東西決戦のように、警察VSヤクザが一同に会して衝突するわけではないので、ただやみくもに人数を増やせばいいというものでもない。しかし、一昔前の体制では明らかに脆弱だったことは否めず、県警の定員が限られている中で、他の部課を削減してでも暴力団対策に人員を割くのはやむを得ないことと言えよう。

経験豊かな捜査指揮官の配置

同じ刑事部でも、例えば捜査第一課は強盗や強姦罪、捜査第三課は窃盗犯罪を対象とする。

これらの犯罪は多くの場合、単独か少人数グループで行われるもので、長年にわたる複雑な背景が存在することは比較的少ない。ところが、捜査第四課（暴力団対策課）が対象とする暴力団は、過去数十年の間、内部抗争や外部組織との抗争を繰り返し、さらに取締りに当たった地元警察との数々の確執を経て、現在に至っているのである。

従って、例えば組員殺害事件が起こった時には、事件の筋目――犯人は内外を含めどこの組の者で、原因は何か、対立抗争に発展する可能性が大きいかなどを判断し、犯人捕捉と二次抗争防止の体制を素早く確立する必要がある。また暴力団以外の者、例えばある事件の参考人などが襲撃を受けた場合は、どの範囲にわたって保護対策を実施するかについて的確に判断する必要がある。

これらの判断を下す際には、それまで培った数々の貴重な経験が役立つことになる。

プロ野球選手で、中学・高校時代に野球部に入っていなかった者はまずいないであろう。この時期に無駄と思えることも含めて数多の経験を積んで、野球のイロハを身につける。これらの体験なくしては、その後のプロ野球選手としての活躍はまずあり得ない。

捜査官、とりわけ暴力犯捜査員も、ある意味これによく似ている。巡査・巡査部長・警部補時代にしかできない逮捕、捜索現場での多くの経験、取調室での被疑者・参考人との丁々発止のやりとりなどは、野球で言えば中学・高校時代の夏場の千本ノックと同じで、優れた捜査員

（プロ野球選手）、そして将来的に捜査指揮官（プロ野球監督）となる上で、欠くべからざる体験である。

第二部の「警察内部の改革」で詳述するが、今、各県警レベルにおいても、警部補以下の時代に刑事捜査、なかんずく暴力犯捜査を経験しないまま、暴力団捜査のトップとなり指揮に当たる例が、全国的に見てもかなり多くなってきているようである。経験がありさえすればいいというものでもないが、ある程度専門性が要求されるセクションでは相応の経験が必要条件となろう。

第二部

現場からの提言

第一章 司法界への提言

弁護士　使い勝手が良い、真の庶民の味方に！

我々の親の世代は、優秀な子供には「末は博士か大臣か」と言い、反対に勉強せずに悪さばかりしていると「大きくなったら泥棒になるよ」と言っていた。その後、政治家の汚職などが続いた時は「嘘ばかり言うと、国会議員か大臣になるよ」と言われ、その人気が凋落したこともある。

時代が下って、男の子の憧れのトップは野球などのスポーツ選手になったが、医師や弁護士もだいたいベストテンに入っていた。医師、弁護士は、人命や社会的弱者を救う尊い職業というイメージがあったからである。

■表4　新小学1年生の就きたい職業（平成26年）

男の子		女の子	
1（1）	スポーツ選手	1（1）	パン・ケーキ・菓子店員
2（2）	警察官	2（2）	芸能人・タレント・歌手
3（4）	運転士・運転手	3（3）	保育士
4（3）	テレビ・アニメキャラクター	4（4）	生花店員
5（5）	消防士	5（6）	医師
6（7）	パン・ケーキ・菓子店員	6（5）	看護師
7（12）	パイロット	7（9）	理容・美容師
8（8）	医師	8（9）	自営業
9（6）	職人	9（7）	アイスクリーム店員
10（10）	学者・大学教授・科学者	10（8）	スポーツ選手

注：（　）内は平成25年の順位
出所：「西日本新聞」平成26年4月4日（クラレ調べ）

表四・表五は、平成二十六年に小学生などを対象に実施されたアンケートの結果である。

ご覧のとおり、かつての憧れの職業であった医師は男女ともベスト10に入っているが、弁護士は入っていない。それに代わって、アメリカの9・11事件や東北大震災の影響もあってか、警察官や消防士、看護師など危険を顧みず、人の生命や社会の安全を守る職業が上位に入ってきている。本来、弁護士もそういう仕事であったはずである。

幼児や小学生のアンケート結果なので、弁護士がどういう仕事かよくわかっていないのかもしれないが、この年齢の子供の憧れは、両親のその職業に対する評価

■表5　幼児・小学生が「大人になったらなりたいもの」ベスト10（平成26年）

男子		女子	
1	サッカー選手	1	食べ物屋さん
2	野球選手	2	保育園・幼稚園の先生
3	食べ物屋さん	3	お医者さん
	消防士・救急隊員	4	学校の先生（習い事の先生）
	学者・博士	5	飼育係・ペット屋さん・調教師
6	お医者さん	6	看護師さん
7	電車・バス・車の運転士		ピアノ・エレクトーンの先生・ピアニスト
8	大工さん	8	美容師さん
	テレビ・アニメ系キャラクター		歌手・タレント・芸人
	警察官・刑事	10	デザイナー
			お花屋さん

出所：「西日本新聞」平成26年9月1日（第一生命保険調べ）

が相当に影響していると思われる。

そして両親の影響であるとすれば、弁護士の仕事ぶりが、世間一般の大人に、あまり好意的に受け入れられなくなっていることが考えられる。

その理由としては、次のようなことが考えられよう。

一般庶民にとっては敷居が高く、トラブルを抱えても気軽に依頼できない。つまり、報酬が高く、大企業や暴力団など資金力がある者の味方ではあっても、庶民の味方ではないというイメージが広く行き渡っていることが推測される。

また、刑事裁判において、誰が見ても犯人であることが間違いないと思える者についても無罪を主張したり、どう見ても死刑か無期懲役にならなければ社会正義に反すると思われる被告人について被害者感情を逆なでするような著しく軽い判決を要求したり、あるいは控訴して裁判を長びかせたりという行為も、その原因と思われる。

このように言うと弁護士側からは、「そもそも我々は被疑者・被告人サイドに立ち、基本的には捜査機関と対抗する役割を担うものである」との反論があるかもしれない。しかし、それは程度の問題であり、捜査機関と対抗しつつも、犯罪については真実発見の職責があるだろう。

本来、社会秩序に関する問題解決は、警察などの権力を持つ法執行機関によってなされるよりも、健全な知的・教養的権威に基づき解決されることが望ましい。弁護士は、本来そういう職業であったはずである。私の知る限りにおいても、人間的にも素晴らしく頼りになる弁護士がたくさんいる。

ぜひ本来の名誉を回復し、子供たちの憧れの職業の一つになってもらいたいものである。

裁判所　国民感覚と遊離しない判決を！

■裁判員裁判制度は本当に必要？

裁判官には、真面目で優秀、そして公平な人格と清廉《せいれん》な生活態度を持ち合わせている人というイメージがあり、個人的には、同じ法曹の中でも検察官や弁護士に比べると一段上位の存在にあると感じている。その反面、社会に疎く、およそ一般常識とかけ離れた感覚を持つ人もいると言われるが、当たらずといえども遠からずであろう。

私たち警察官が最も違和感を感じるのは、殺人などの凶悪犯罪を犯した犯人に対し、「被告人に反省の面も見られ……これまでの判例に照らし……」として、世間の常識からかなり逸脱した判決を出す時である。

平成二十一年から裁判員裁判制度が始まったが、その大きな理由は、

・訴訟遅延を解消すること

・量刑不当を正すこと

とされている。このような制度を導入せざるを得なくなるまで放置した、司法界に席を置く者の責任、とりわけ裁判の中心に位置する裁判官の責任は大であると思う。犯罪が繰り返されないと、同じ法曹仲間である刑事弁護士の商売が成り立たないから、短期間の留置で巷に放っているのではないか……このような下衆《げす》の勘ぐりが幅を利かさないようにしてもらいたいものである。

平成二十六年五月のＮＨＫの番組で、裁判員裁判で一般人が死刑判決に関わることの賛否について、それまで裁判員裁判に参加した二五二人にアンケート調査を行った結果が放送された。

それによると、五七％が賛成、二五％が反対であった。

賛成の理由は「死刑判決も含めて市民がかかわるべき」「重い判決ほど市民がかかわるべき」などで、反対の理由は「死刑判決には恐怖感がある」「死刑判決を下すことは市民にとって負担が重すぎるため、職業裁判官が下すべき」というものであった。

裁判員裁判については、その運用当初から次のような懸念の声があがっていた。

今までごく普通の市民として生活していたサラリーマンや家庭の主婦に、ある日突然青天の霹靂《へきれき》で裁判員を命じ、時として死刑を言い渡す苦しみを一生負わせていいのか。職業裁判官でさえ悩み、その後、心の平穏を保つのが大変なのに、なぜ他の仕事を持って日夜働いている人に、突然そんな重荷を負わせるのか。

このような思いを、裁判員を経験した市民の四人に一人が実際に抱いているという事実を、裁判所は真摯に受け止め、その負担軽減のため取組んでいかなくてはならないだろう。

私自身は当初、前記の反対派と同じような理由で裁判員裁判制度に反対していた。しかし、訴訟遅延の改善傾向が見られたり、国民感情に合った判決が出され、量刑について一部の裁判官が「裁判員裁判の判決に大いに気づかされる」と述べているのを見たりするにつけ、素人裁判員が抱える負担も、ある程度はやむを得ないと考えを改めてきている。

ただ、本来、職業裁判官がより充実していれば、このような制度をつくる必要もなかっただろうに……との思いも未だにある。

■夜間当直体制の充実を！

警察と検察は、同じ捜査機関として日々発生する犯罪に対し協力して闘い、そして裁判所を加えた三者で国家の治安維持を司っている。そんな日々の仕事中、疑問に思うことがあった。それは、犯罪は曜日や昼夜を問わず発生するため、警察は夜間や休祭日にもそれなりの当直体制を整えている（概ね六日に一回担当する）のに対し、夜間・休日に裁判所に逮捕状や捜索差押許可状を請求しても、裁判所庁舎内に裁判官がいないことである。これは言うなれば、病院に夜間、医師がいないのと同じではないだろうか。

そこで私たちがどうしていたかというと、裁判官の居住する公舎まで必要書類を持参していたのである。新しく赴任してきた警察官などは、公舎の場所がわからず、時間をロスすることもあった（もっとも、近年はほとんどの地域で、当直の裁判所事務官が受け取り、裁判官公舎まで持って行くか、連絡を受けた裁判官がタクシーなどで裁判所まで出てきている）。

被疑者の人権を守るため、令状をいち早く示す必要がある（刑訴法第二〇一条一項）のなら、世の中が夜型にシフトしているこの時代、裁判所にも常時裁判官がいるような当直体制づくりが必要であろう。

そのためには、裁判官の人数を増さなくてはならない。平成十八年頃から司法試験の合格者を段階的に増やし、最盛期は年間二千人以上合格したようだが、弁護士ばかり増え、検事や裁判官はさほど増えていないという。

この当直の必要性については、裁判所と裁判官公舎はさほど離れておらず、公舎には裁判官がちゃんと待機しているのだから、そう目くじらを立てなくてもよいではないか、という意見もあるだろう。確かに、公舎までの移動や裁判所内での待機という時間のロスは、そう大きくないかもしれない。むしろ問題なのは、夜型化という一般社会の変化に沿おうとしない姿勢である。このような社会とのズレが、国民感覚と遊離した判決につながっていると感じるのは私だけだろうか。

ほとんどの裁判官が労を惜しまず一所懸命にやっていることを重々承知の上で、あえて提言させていただいた。ただ、私も全国津々浦々まで調査したわけではないので、実質的にきちんとした当直体制をとっている裁判所があれば御容赦願いたい。

検察庁　警察との真の意味での協力関係構築を！

■警察と検察の関係は五分の兄弟

警察官となって三年ほど経った頃であろうか、民間会社に勤務する学生時代の友人と飲んでいたところ、その友人が、

「ところで、警察の親分が検察なんよね」

と、嫌味を言う風でもなく真顔で尋ねてきた。彼は「親分」という言葉を使ったが、上級官庁（監督官庁）という意味であることはすぐにわかった。

昭和二十三年に刑事訴訟法が改正されるまでは、犯罪捜査の中心は検察官であって、警察官はあくまでも検察官の補佐として犯罪捜査に従事するもの（旧刑事訴訟法第二四八条）と定められていた。これはつまり警察に捜査の主体となる権限、いわゆる第一次捜査権はなかったということで、検察の子分だったと言えるかもしれない。

ところが、戦後制定された新憲法の下では、権力の集中をできるだけ避けるという配慮がなされ、新刑訴法第一八九条二項において、司法警察職員を第一次的責任を有する捜査機関、第一九一条一項において、検察官を第二次的補充的責任を有する捜査機関と定められた。これに

より、捜査において検察と警察の関係は主従関係ではなく、基本的には協力関係（第一九二条）であることとなった。しかしながら、次に掲げる第一九三条において、検察官の司法警察職員に対する一定の捜査指示権・指揮権を残した。

一項　検察官は、その管轄区域により、司法警察職員に対し、その捜査に関し、必要な一般的指示をすることができる。この場合における指示は、捜査を適正にし、その他公訴の遂行を全うするために必要な事項に関する一般的な準則を定めることによって行うものとする。（一般的指示権）

二項　検察官は、その管轄区域により、司法警察職員に対し、捜査の協力を求めるため必要な一般的指揮をすることができる。（一般的指揮権）

三項　検察官は、自ら犯罪を捜査する場合において必要があるときは、司法警察職員を指揮して捜査の補助をさせることができる。（具体的指揮権）

また、同法第二二九条には、殺人事件などの捜査の端緒となる司法検死について、

一項　変死者又は変死の疑のある死体があるときは、その所在地を管轄する地方検察庁又は区検察庁の検察官は、検視をしなければならない。

二項　検察官は、検察事務官又は司法警察員に前項の処分をさせることができる。

と規定されている。この第二二九条に関してはどう見ても警察に主体性がなく、第一次捜査権

があるとは思えない。検死については、警察の方が断然専門性が高く、また実務上もほぼ一〇〇%警察主導でやっているので、実態と全くそぐわなくなっている。

殺人事件などの捜査の端緒となる、この極めて重要な条文について、旧刑訴法時代に戻ってしまうとは考えがたいので、前述の第一九三条の指示権・指揮権に帰着すると思われる（河上和雄他編『大コンメンタール刑事訴訟法』四巻〔青林書院、二〇一二年〕は、検死は捜査手続きそのものではないので第一九三条には当たらないとしている）。

第一九三条の解釈については、もう一つ大きな問題点がある。警察が逮捕などして身柄を検察庁へ送致した後、勾留中の身柄については、警察に第一次捜査権が依然として残っているのか、それとも勾留の時点で検察に移り、具体的指揮権なるものに服するのか、ということである。これについては現在も意見が分かれている。

この点の解釈の違いは、勾留中の身柄について、どちらが主導権を持ってかかわるかという実務上の問題点に加え、警察官が検察官の言うことに、仮に従わなかった場合の懲戒の問題にも関係してくる（刑訴法第一九四条）。

また、指揮権が検察にあるとすれば、検察官には、送致（送付）されてきた事案について充分な補充捜査をさせ、不備を正すなどの責任が生じる。また、無理な起訴をして検察自体がボタを被《かぶ》る（割に合わない目に遭う）可能性も高くなったりして、検察官自身の負担が過重になるという懸念もある。

従って、第一九三条二項に定める「一般的指揮」という表現は「一般的調整」に、同三項に定める「指揮」という表現は「要求（請求）」という表現に変更した方がよいのではないかと思われる。本来、前者は、例えば海上保安庁と県警など二つ以上の捜査機関の間で捜査が競合した場合の調整を図るための規定であり、後者の「指揮」（具体的指揮権または補助命令権と言われている）は、ある事件について実際に検察官自らが捜査に着手している場合に手が足りないなどの理由で命ずるものである（ただし後者については、検察官の直属の部下である検察事務官の数を充実させ、さらに逮捕・捜査・取調べなどにおいて警察官と同様の訓練を受けることが仮に可能であれば、検察内部だけで対応できるはずである）。

現場の警察官が、県警本部や警察庁から指揮を受けるのは当然のことである。しかし、経済産業省の職員が総務省幹部から指揮を受けることを心外に思うのと同様、同じ捜査機関とはいえ警察官が検察官から指揮を受けるのは、正直、すんなりと受け入れ難いものがある。警察と検察は社会悪と闘うため、一心同体、運命共同体の立場にあると理解していても、やはりこのような感情は拭いきれない。

検察官からすれば、公訴維持のため諸々の裏付けを警察官に依頼し、その要求に確実に応えてもらうためにも、「指揮」という権限を持っておきたいだろう。ただ、この点については、

警察の内部規範である犯罪捜査規範の第四十八条でも、

刑訴法第百九十三条第二項の規定に基き、検察官から一般的指揮が与えられたときは、警察官はこれに従って捜査を行わなければならない。

と規定されており、現場の警察官も誠意をもって対処しているのが現状である。仮に将来、刑事訴訟法の第一九三条二項の「一般的指揮」が「一般的調整」と変更されても、犯罪捜査規範の該当部分を「調整」という用語に変更すれば、従来通り検察と警察の捜査協力体制は維持できると思われる。

指揮と言うと指揮する者とされる者の上下関係であるが、調整や要求（請求）と言えば横の関係となり、警察としても受け入れやすい。また、警察が補充捜査において検察の要求に充分応えなかった場合は、不起訴になっても、その一次的責任は警察が負い、従前のように検察が批判の矢面に立つこともなくなるだろう。

逆に警察にとっては責任が重くなるが、それだけに第一次捜査機関としてより強い自覚が生まれるだろう。また、後述するように、検察官（公訴官）と警察官（捜査官）との役割分担がさらに進み、第一九二条に定める協力関係が、「四分六の兄弟」でも「五厘下りの兄弟」でもなく「五分の兄弟」となり、真の信頼関係がより深まると思う。

ちなみに、第二二九条（検死）の条文は次のように変えたらよいと思う。

一項　変死者又は変死の疑のある死体があるときは、検察官又は司法警察員は検視をしなければならない。
二項　司法警察員が第一次的に取扱った場合は、検察官に通知しなければならない。
三項　検察官が必要と認めるときは、立会いを求めることができる。この要求に対し、司法警察員は積極的に協力しなくてはならない。

■公訴官の任務により注力を！

先述のように刑訴法改正により、警察に第一次捜査権を与え、検察は二次的捜査機関に位置付けられた。これは検察官に対し、公訴官の任務に、よりエネルギーを傾注するよう促すものであったとも思われる。

私は警部補時代、警察と検察庁が連携して行っていた特捜班長養成の研修に半年間参加した。また、第一線警察署の刑事課長や本部刑事部の特捜班長時代には、事件着手の協議などで検察官と接する機会も多々あった。その際、複数の検察官が、検察官と警察官の関係について「警察官は漁師で検事は料理人である」と言うのを聞いたことがある。

警察官が社会の荒海から被疑者を見つけ出し、釣り上げてくる。小料理屋に持って行くと板前である検事が上手に捌《さば》いて盛り付けし、お客である裁判官に出して賞味してもらうということである。

ただ、検察には、東京地検や大阪地検に第一次捜査権剝《む》き出しの特捜部があり、大きな魚を一本釣りする船も持っている。公訴官により徹してもらうためには、警察も検察に負けない一本釣りの船を装備しなくてはならないだろう。

この点に関して、平成二十二年九月十一日の「朝日新聞」に掲載された、ジャーナリストの魚住昭氏と、刑訴法を専門とする法学者の渥美東洋氏のインタビュー記事の一部を紹介したい。この特集記事は、前述の村木厚子元厚生労働省雇用均等・児童家庭局長の無罪判決を受け、「特捜部は必要か」と題して掲載されたものである。

〈魚住氏〉

「検察は、警察の捜査のチェックと公判維持に専念すべきです。（略）警察には政界捜査の能力がない、と言われることがありますが、警察が政界捜査をしなかったのは、能力不足ではなく、検察が政界捜査の独占のために、難癖をつけて、させなかったのです」

〈渥美氏〉

「警察の中に、政治の腐敗や重大な経済事件の情報収集と摘発を担当する専門組織を設置することを提案します。この組織を（検察の）特捜部と競合させることで緊張関係を生じさせて、相互にチェック・アンド・バランス（抑制と均衡）の効果を働かせる。対等な専門的能力を持つ組織を併置することで、一方が暴走したり、外部の圧力に屈して事件を闇に葬ったり、といった弊害を防げます」

両氏の意見は、将来の検察と警察の政治・経済捜査のあり方を考える時、傾聴に値するものである。

これに対し、検察官側からは、「それ以前の問題として、警察は暴力犯捜査などの一般事件捜査において、検察の手を煩わすことなくより精緻な捜査ができるような力をつけるべきだ」などと、そもそも論に立ち戻った意見も聞えてきそうである。しかしながら、事件の軽重にかかわらず、犯罪捜査のほとんどを警察が第一次的に検挙・処理していることは、紛れもない事実である。

戦後行われた刑訴法改正が、検察官に公訴官の任務により専念する契機を与えたとすれば、その趣旨を貫徹するためにも、警察には、名実ともに第一次捜査機関としての責任に耐えられるだけの実力アップが一層求められることとなる。

■もっと積極的に起訴を！

我国の刑事裁判の大原則として、「疑わしきは被告人の利益に」というものがある。つまり、〝灰色〟は無罪になるのである。

検察官としては、起訴（公判請求）した以上、その時点で被告人を犯人と判断していることを公にしているわけである。仮に無罪となった場合は、公訴官としての判断ミスという大変不名誉なことになるし、被告人から損害賠償請求を受け得る立場にもなる。真否は定かでないが、検察官は公判請求事案が二度無罪になると、いわゆる出世コースから外れてしまうと聞いたことがある。それはともかくとして、起訴に慎重にならざるを得ないのは充分に理解できることである。

しかし、事件が裁判官や検察官の目の前で起きることはまずない。被告人が真の犯人か否かは、警察などが収集した証拠から判断するしかないが、ここが一番の問題となる。

被疑者に疑いようもないアリバイがある場合は白、物証も自白も目撃証言もあり、動機も充分に解明されている場合は黒ということになるが、その間は、いわゆるグレー（灰色）である。同じグレーでも、白に近いグレーと、黒に近いグレーがある。前者を起訴しないことはやむを得ないが、問題は後者である。最近、検察を見ていると、黒に近いグレー、しかも限りなく黒に近い場合であっても起訴を見合わせるケースが増えているように感じる。

ずいぶん前の話だが、検察・警察の合同会議後の懇親会の席上、某若手検事との間でこのことが話題に上った。その検事は、

「被疑者が真の犯人であると信じる理由があり、起訴してたとえ無罪となっても国賠*（国賠

訴訟）で負けないと思える事案であれば、検察段階で落とさず、公判に持って行き、裁判官の判断に任せるべきでしょう。無罪の人間を有罪とすることがあってはならないが、逆に有罪の人間を無罪とすることもあってはならないはずです」

と言っていたが、まさにその通りだと思う。もう二十年近くも前の話であるが、今頃どこかの検察庁支部長となり、積極果敢な指揮を執っておられることだろう。

第二章　警察内部の改革

警察省の新設

私は現役時代、国土交通省に所属する海上保安官や厚生労働省に所属する麻薬取締官などの特別司法警察職員、法務省に所属する入国警備官や財務省に所属する国税査察官などの仕事振りを拝見しながら、警察内部の一機関として、あるいはより密接な関連機関として一緒に仕事をすれば、一段と強力かつ効率的な仕事ができるのではないかと常々感じていた。

我国にあっては、戦後の占領政策により、過度な権力集中を排除するために内務省が解体され、警察機能の多くが警察組織以外の省庁に細分化された。その結果、縦割り行政の中で必ずしも効率的とは言えない運営を余儀なくされている現状にある。

犯罪が著しく多様化・スピード化、あるいは広域化・国際化する現在において、最小限のコストで最大の治安維持機能を果たすためにはどうすればよいか。

私は、分散されている前記の警察機能をより有機的に機能させるため、警察省（仮称）を新設してはどうかと考えている。

そして、具体的な各省庁再編としてまず第一に考えられるのは、国土交通省の外局である海上保安庁を警察省に移管することである。海上発生事案であっても、その内容が陸上に及ぶことも少なくないが、海上保安官と警察が同一省下にあれば、その後の捜査においてもよりスムーズな連携が期待できる。また、尖閣諸島への他国民の上陸などの問題に対しても、当初から両者が一体となった活動が可能である。

その他、次のような改革案が考えられる。

・厚生労働省に所属する麻薬取締部を、警察省の薬物を取締る部門へ移管する
・出入国管理は広い意味での警察行政に含まれる。国際テロ組織、国際犯罪組織に対し、より執行力に裏付けされた的確な対応ができるよう、法務省下の出入国管理部門や公安調査庁と警察の公安部門の一部を統合して警察省下に置く
・財務省下にある国税取締部門の一部と警察省の組織犯罪取締部門などの一部が、同一指揮下で合同して動ける組織を作る

また、警察内部の改革としては、一つの都道府県警察では有効に対処し難い広域組織による犯罪、経済事件や高速道路使用事案に初期段階から迅速かつ的確に対応できるようにするため、警察省内に都道府県警察を介さずに直接指揮できる、日本版ＦＢＩとも言うべき直轄の実働組織を作ってはどうだろうか。

なお、警察省を立ち上げ、諸種の新たな部門を作る場合、外局とするのか、既存の局内に置くのかという問題、あるいは警察の管理機関である国家公安委員会との関係などについては、種々の検討を要するであろう。

キャリア制度――一般職採用者との著しい格差の是正を！

一般職採用の警察官は、高校卒では十八歳、大学卒では二十二歳で巡査を拝命し、二十～三十代にかけて巡査長を経て巡査部長に昇進、四十～五十代にかけて警部補に昇任、六十歳の定年退職時も実質警部補のままで辞める者が最も多い。現役時に警部以上になれる者は同期のうち三割程度であり、その道は険しいものがある。

警察官の階級のことなどよく知らない世間一般の人も、警部といえば「コロンボ警部」や「銭形警部」などでお馴染みであり、事件現場で中心となって指揮をとる人というぐらいの認識はあるだろう。事実、刑事訴訟法でも逮捕状の請求権は警部以上の者にしか与えられていない（第一九九条二項）。

また、例えば署員数二百人前後の平均的規模の警察署にあっては、大ざっぱに言うと署長・副署長は警視、総務・刑事・交通課長などの六、七人が警部、それ以外は警部補以下である。つまり警部に次ぐ警部補は、警察署の中核であることがわかるだろう。

ところがである。いわゆる国家公務員総合職Ⅰ種試験を合格し、警察庁に採用された者は、いきなり警部補の階級が与えられる。警察大学校で数カ月の教育を受けた後、全国の県警に振り分けられ、約半年間の現場実習を終えると再教育のため本庁へ呼び戻されるが、その時、警部に昇進する。それから本庁などでの数年の勤務を終え、再び各県警に赴任を命じられるが、その際、警視となる。つまり、二十七、八歳で警視として各県警本部の捜査第二課長などの要職に就き、大事件の指揮をとることになるのである。

過去、ある小規模警察署に若手キャリアの署長が着任したが、副署長以下、腫れ物に触るようにして仕える姿が地域住民の目に留まり、批判を浴びた。それ以降、当該県警においては、さすがに三十歳前後の署長着任はなくなったと聞いたことがある。また、ある大手新聞で、警察におけるキャリアと一般職採用者の出世速度を比較して「新幹線とかたつむり」と揶揄した記事を目にしたこともある。

確かに彼らの多くは、いわゆる難関大学を卒業し、さらにI種試験をパスするために相当の努力を払っており、そのことに対する敬意と配慮があって然るべきである。ただ、一般職採用者との格差があまりに大き過ぎることは、誰の目から見ても明らかである。

警察官の九九・八%は一般職採用の者であるが、地ごろ（ノンキャリア組）のトップとなったところで、所詮本庁の手の平の中で、その方針の枠内での仕事しかできないのが現実である。時として本庁の施策が実効性に乏しいと思える場合であっても、反対意見を述べることは自ら天に唾するようなものであるとの諦念が無意識のうちに働き、それを口にすることができない。

これでは、最前線で働く警察官の貴重な経験が充分に生かされない。一時期、警察庁が「現場第一主義」とのスローガンを声高に叫んでいたが、これこそ現場の声が充分に反映されていないことの裏返しであろう。

真の現場第一主義を実現するためには、キャリアも、警察官になりたての頃にガチンコ勝負の最前線で、もっと長期にわたって冷汗や油汗をかくことが必要だろう。

そのためにも、キャリア警察官にも巡査や巡査部長、警部補を各三年、警部補以下で約十年ぐらいの下積みを経験させてはいかがだろうか。三十歳前半で警部に昇進、その後十年をかけ四十代前半で警視、さらに十年をかけ五十代前半で警視正となり、その後、昇進すべき者はさらに昇進（昇格）させていけばよいのではないかと思う。こうすれば盤石な土台（経験・能力）ができ、今よりもさらに優れた強靭なリーダーが育っていくであろう。

また、一般職採用で五十代前半に警視正となった者を、その時点でキャリアと同じスタートラインに立たせて、そこから最上級幹部に向けての新たなガチンコ勝負をさせると、明治維新で下級武士出身の西郷隆盛や大久保利通らが活躍したように、一般職採用の者の中から思わぬ逸材が出現するかもしれない。

階級是正の失敗　ピラミッドの再構築を！

警察の生命線は、逮捕や警備の現場で、命令一つで瞬時に一糸乱れぬ行動をとることができる団結力である。そのためには、階級に基づく上下関係が徹底していなければならない。

警察には巡査から警視総監まで九種の階級があるが、そのうち警視総監は全国二十六万人の警察官のうちただ一人である。一般市民の身近にある警察署の警察官の階級は、下から巡査（巡査長も階級は巡査となる）・巡査部長・警部補・警部・警視・警視正の六つと考えてよいだろう。

平成三〜八年頃にかけて、警部補の人数を大幅に増やすという条例改正がなされた。表六の福岡県の例を見ても、警部補が全体に占める割合は、平成三年に一五・〇％であったのが、平

■表6　福岡県警において各階級の条例定員が総数に占める割合

	巡査	巡査部長	警部補	警部	警視
平成3年	43.8%	35.1%	15.0%	4.2%	1.9%
平成4年	41.9%	34.4%	17.2%	4.5%	2.0%
平成5年	39.1%	33.5%	20.3%	4.9%	2.2%
平成6年	36.5%	32.5%	23.4%	5.3%	2.3%
平成7年	34.0%	31.5%	26.5%	5.6%	2.4%
平成8年	31.5%	30.6%	29.5%	5.9%	2.5%

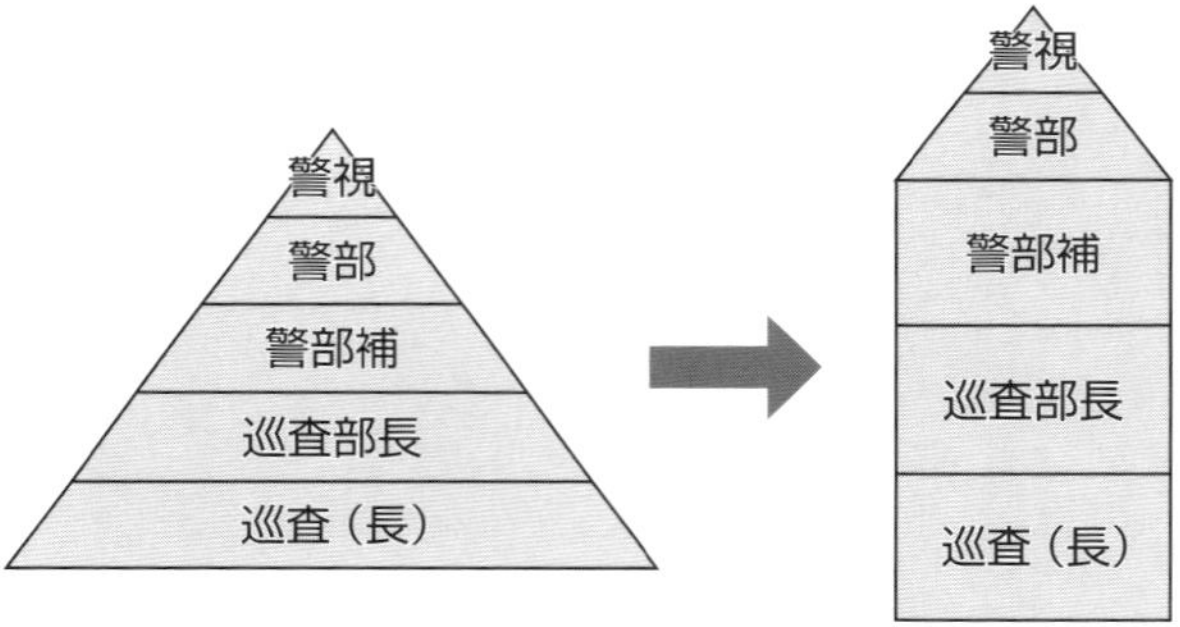

（改正前）　（改正後）

成八年には二九・五%となっており、倍増していることがわかる。

刑訴法上、逮捕状を請求できるのは警部以上となっており、警部補と警部の間には大きな壁がある。それでも以前は、警部補は警察署の中核幹部とされ、その警察署の力は、警部補の実力にかかっているとさえ言われていた。だが、飛躍的に警部補が増えたことで、警部補の存在価値が相対的に軽くなってしまった。

また、組織の安定性という観点からも弊害が出てきている。以前は階級構成を図に表すと典型的なピラミッド型となっていたものが、改正後は巡査：巡査部長：警部補がほぼ一：一：一の割合となっており、いわゆる釣り鐘型、もっと言えば鉛筆型となり、組織としての座りが悪くなった（図参照）。この結果、例えば次のような問題が出てきている。

・五、六名しかいない係に複数の係長（警部補）を配したため、部下からすれば、どの係長の命に従えばよいかわかりづらくなった

・係長（警部補）自身も、相互に依存し合い、責任の所在が不明確となった

改正前は、課長（警部）と係長（警部補）が課の中核幹部として一体になって事を乗り越えていたが、警部補が増えすぎたことで、警部補自身が以前のような幹部意識を持ちづらくなってきている。

また、従前は巡査部長以下VS警部補・警部という構図であったが、現在は警部補以下VS警部となってきており、警部補以下の数が圧倒的になる中で、若くて経験の浅い警部は、指揮や人事管理の両面で負担が増加している。その結果、以前にはあまり見られなかった、警部の階級にある者の精神疾患発症、警部の相対的権威低下による各種不祥事などが多くなってきているのは間違いない。

現在、警部補以下の階級は巡査（巡査長）、巡査部長、警部補と三階級しかない。大半の者

が警部補以下で現役を終える現状では、平均すると一つの階級を十三〜十五年程度続けなくてはならず、否応なく意識の停滞をもたらすこととなる。そこで、一つの階級を原則十年とすれば、個々にやる気を出させることができ、組織にとっても大きなプラスとなるだろう。

ただし、現状の階級制度のまま十年でワンランク上げると、二十歳―巡査、三十歳―巡査部長、四十歳―警部補、五十歳―警部、六十歳―警視となり、退職時にみんな警視となってしまう。これは流石《さすが》にあり得ないので、警部補以下に二つ階級を増やすことで対応するのが望ましいと思う。その一つは巡査長を階級化すること、もう一つ、巡査部長と警部補の間に新しい階級を作ればよいだろう（例えば、准警部補〔略称・准補〕など）。

当然、皆一律に十年でアップとはいかないので、早い者は八、九年、遅い者は十一、二年と差をつけるが、その年限が経てば、大きな不祥事などの特段の事情がない限り、昇進させればよいだろう。その職を十年間務めるのも大変なことであり、それ自体をもっと評価すべきである。もちろん、昇進試験は従来通り行えばよい。

平成三〜八年頃にかけての階級是正のきっかけは、ある県の駐在所の奥様が、夫の報酬が充分でないと警察庁に手紙を出したことであるという。それを知ったキャリア官僚が同情し、長期在勤者の給与を引き上げようとしたところ、警察の場合、給与と階級が連動しているため階級を上げるしかなかったとの話を聞いたことがあるが、事の真相は定かでない。

しかし、この階級是正は、前述のように全国の警察組織に大きな打撃を与えてしまった。入庁時にすでに警部補の階級を与えられる彼らには、その真の重要性などわかりもしなかったのであろう。前項でキャリア制度の弊害を指摘したが、このように組織の根幹にかかわるところにも、キャリアの経験不足・理解不足から来る弊害が出てきているのである。

ハード面の改革　交番・駐在所・警察署外観のパト仕様化

以前、総務省が官公庁の応対などについてアンケートを実施したところ、警察などのいくつかの部署について、不親切で敷居が高く、寄りつきにくいなどの声が寄せられた。

この結果を受け、警察庁から全国の警察に対し「市民応接の向上」の大号令がかかった。つまり、もっとソフトに市民に応対しなさいとの指示である。

ところが、多くの県警が何を勘違いしたのか、例えば交番のインテリジェント化を図り、その一案として軽井沢の別荘かと見まごうような瀟洒《しょうしゃ》な交番・駐在所が各地に建てられた。福岡県警にあっても、外観が厚いガラス張りの交番がいくつか建てられたが、当初は高級な公衆トイレと勘違いして訪ずれた人がかなりいたと聞く。

市民に対して何より親切なのは、セブンイレブンやファミリーマートの店舗が遠くからでも

［交番・警察署のパト仕様化］

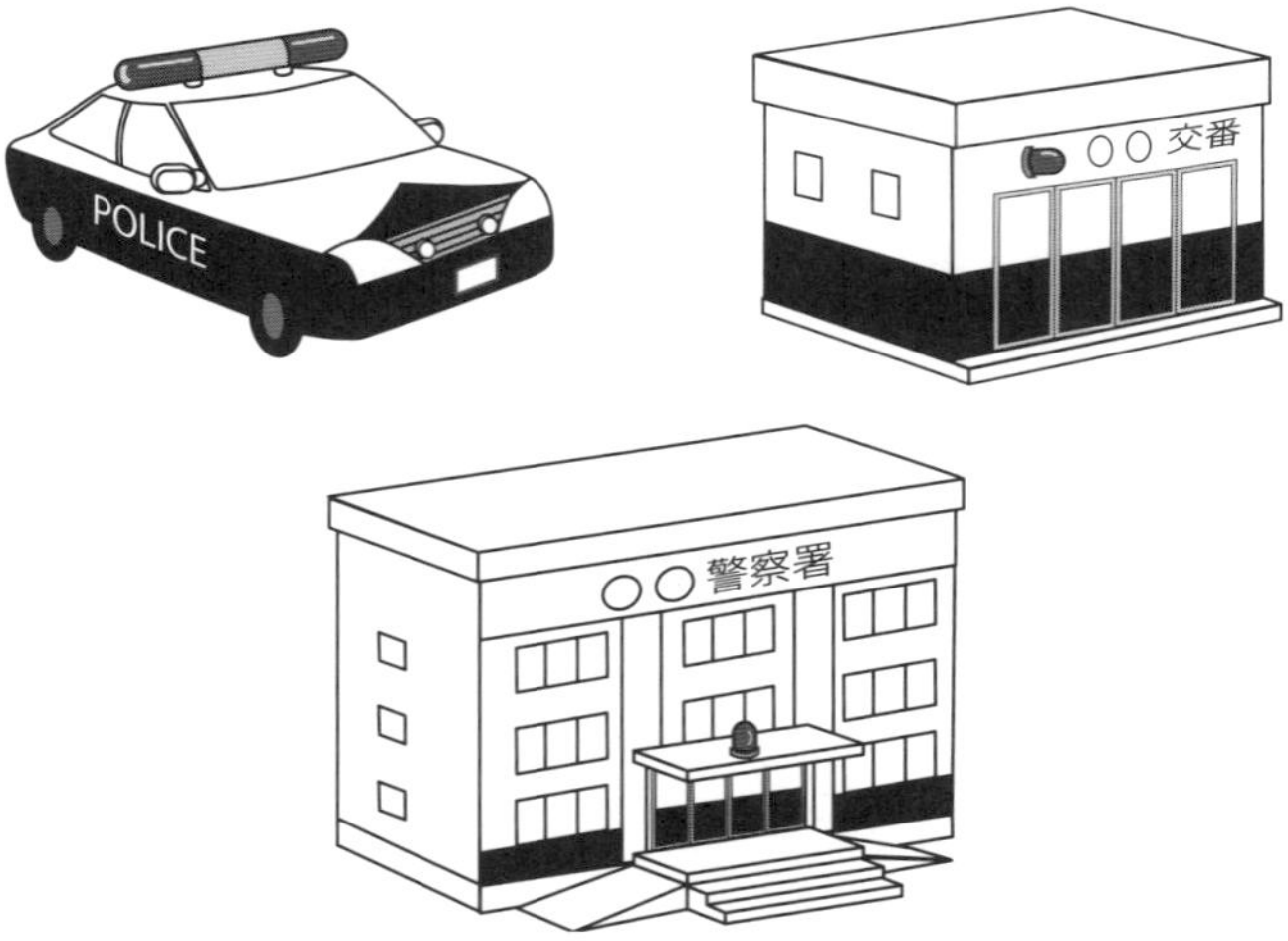

一見してそれとわかるように、交番は交番らしい外観を保っていることだろう。

私はいっそのこと、パトカーのように白黒のツートンカラーにして、真ん中に大きな赤色灯を付ければよいと考えている。また、警察署や県警本部の玄関口だけでもこの仕様にすれば、市民にとっても、急場で駆け込む時にわかりやすくて助かるのではないだろうか。

全国には一一六九警察署、六六〇〇交番、八一〇〇駐在所（平成二十六年現在）があるわけだから、これらがそのように統一された仕様になれば、警察組織の最たる威力配備となり、パトカーのレッド走行（赤色灯を点灯させながら走ること）以上の効果を発揮するだろう。

ついでに言うと、よく街中のガソリンスタンドや散髪屋の店頭に赤色灯を回している所があるが、これらは他の色に変えてもらった方がよいと思う。特に夜間はパトカーや交通事故現場と見間違えて急ブレーキを踏んだり、つい反対側にハンドルを切ったりして、事故の原因となったりもするからである。

第三章 国家試験制度などの改革

司法試験　合格者の低年齢下を！

司法試験については、端的に言えば、合格者の平均年齢が高すぎるように思う。一見、チャレンジの機会は誰にでもあるようだが、実際問題としてはそうなっていない。また、優秀であるのに残念ながら最終合格に至らなかった人材を、その後挫折者として生きさせる、〃人材スクラップ試験〃となってしまっている側面があると思う。

また、近年は合格までに相当な費用がかかるようになっている。後述する私大医学部ほどではないが、同様な問題点が生じつつあるのだ。医師、弁護士など高度な専門性を持ち、社会貢献度の高い重要な仕事こそ、金銭格差に左右されず、高い志と能力を持つ者が誰でもチャレンジできるような公平な試験制度であるべきではないだろうか。

私は大学を四年間で卒業し、そのまま就職した。司法試験を傍から見ていて強く感じたのは、当時の合格者の平均年齢が二十九歳前後で、さらに二年間の司法修習を終えなければならず、社会人デビューが優に三十歳を超えるという理不尽さであった。

経済的に裕福でない者はもちろん、平均的な家庭であっても、まだ高校生の弟や妹がいる者は、一年でも早く親の負担を軽くするため働かなくてはならない。従って、たとえ弁護士や検察官、裁判官に興味があったとしても、他の公務員や民間大手企業などの道を選ぶという例が少なからずあった。幅広い人材の中から優秀な者を獲得するという観点から言えば、司法界にとって大きな損失であったと思う。

また当時は、旧司法試験制度下で合格率三％前後の時代であり、大半の受験生は二十代後半〜三十代前半に司法試験を断念し、新卒時なら就職できた会社などにも入れず、その後の長い人生を不本意な思いで生きざるを得なかった。司法試験にチャレンジするほどであるから、それなりの意欲と能力を持っていたはずであり、国家的に見ても大きな損失と言えるだろう。

平成十六年、旧司法試験制度のような一発試験による選抜ではなく、法学教育、司法試験、司法修習を有機的に連携させ、法曹の質の向上と量の拡大を図るという趣旨で法科大学院制度が始まった。平成十八〜二十二年までは旧司法試験と、法科大学院を修了した者のみが受験できる新司法試験を並行して実施、さらに平成二十二年からは法科大学院に通う時間・資力がない者のために、法科大学院を卒業しなくとも予備試験をパスすれば新司法試験が受けられる制度も始まった。

法科大学院は、法学既修者であれば二年間、未修者は三年間通わなくてはならず、さらに年間に八十～一五〇万程度の費用がかかるが、卒業者の合格率は必ずしも高くない。これに対し予備試験コースでは、予備試験さえ突破すれば、法科大学院より一、二年早く本試験に合格できる可能性がある。それにしても、何やら旧司法試験時代に戻ったような感がある。

法科大学院は、ピーク時には全国に七十四校あったが、合格率の低さなどから定員割れして廃止されるところが相次ぎ、平成二十六年現在、五十二校となった。このような状況は初めからある程度予想できたであろう。グランドデザインを描きそこない、失敗したと言わざるを得ない。

ともあれ、平成二十六年度の司法試験の最終合格者の平均年齢は二十八・二歳と発表されていた。翌年に実施される一年間の研修を経れば、検察官や弁護士としてのデビューは、やはり三十歳前後となる。不合格者の中には、派遣社員やコンビニのアルバイトなどで生きてゆかなければならない者も、少なからずいるだろう。私が大学生だった四十年前から、いささかも改善されていないのである。

このような悲劇を生み出さないよう、原則十八歳で入学（受験資格は二十一歳まで）、六年制で大半は二十四歳で卒業、その時点で法曹への道が確定するようなロー・スクールを作ったらよいと思う。これは医師を目指す医学部が六年コースで組まれているのと同様である。

その六年で、現在行われている大学の学部教養＋法科大学院での教養＋合格者への一年教養を消化すればよい。そうすれば合格者の大半は二十四歳でデビューできるし、不合格者は二十歳前後で他の道へ方向転換し、新たなチャレンジを行うことができる。

また、実務をやったことがなく、手形用紙や留置場・取調室などを見たこともない受験生に、手形法の裏書きがどうだとか、刑訴法の接見交通権や取調べの可視化がどうだとかいう微妙な問題点を論じさせても、ほとんど意味がないように思う。このロー・スクールに合格し、法曹となることが確定すれば、初めから意気込みが全く違ってくるであろうし、六年間の学習の中で実物の手形を触らせ、留置場や取調室も見学させれば、理解も自ずと早まるであろう。

過去の受験生の中には、司法試験対策ゼミの講義中に「手形が火を吹いた」（決済資金不足で不渡りになること）と聞いて廊下にある防火バケツを取りに行った男子学生や、留置場の「接見禁止」を「石鹸禁止」と誤解し、「衛生上よくないのではないですか」と教授に詰め寄った女学生など、笑うに笑えない話もあったと聞く。

ともあれ、十八歳入学の六年制ロー・スクールを作るにあたっては、次のような方法が考えられる。
①既在の大学とは別枠で、例えば高等裁判所所在地などに旧制高等学校*のような感じで新たに設立する。
②既存の総合大学の中から十～二十校程度を指定する。

*旧制高等学校
高等学校令（一八九四年、一九一八年）に基づいて設置され、一九五〇年まで存在した日本の高等教育機関。全国で四十八校創立され、旧制一高から八高までは特に「ナンバースクール」と呼ばれた（このうち、例えば一高は現在の東京大学、三高は現在の京都大学である）。

①の場合、既存の法学部からは司法試験を受験できなくなるから、法学部全体の地盤沈下というリスクをはらむ。また②の場合、指定されなかった大学が経営難に陥るというリスクが生じることとなる。

しかしながら、若くて真に優秀な人材を確保すること、失敗した者には人生の再チャレンジの機会を早めに与えること、また、確実に法曹になれると自覚した者のやる気を引き出し、法曹界の実力アップに貢献することなど、リスク以上に多くのメリットを生むと思われる。

このロー・スクール入学者以外に、全体の二割程度の枠を残し、二十五歳ぐらいを限度に別枠試験を実施すれば、前記の問題もある程度解決するのではないだろうか。

さらに一つ加えれば、このロー・スクールは全国各地にバランス良く配置することが望ましい。平成二十六年の内閣改造で地方創生担当大臣を新設し、地方の再生・活性化を目指すこととなったが、本当の地方再生は、単に経済的に活発化するだけではなく、医療福祉・教育・文化・芸術などの充実が伴わなければならない。そのためには、物質的資源の分配だけではなく、知（人材）の分配が不可欠である。

司法試験合格者を見ると、首都圏にある法科大学院出身者が大きなウエイトを占めている。ここはぜひ、人口比を大きな目安としながらも、日本各地から合格者が出るようにロー・スクールを配置していただきたい。そうすれば、その相当数が修習後に地元でデビューし、地域の問題点などをよく知っている者が、その地域のために活躍するという状況が生まれるだろう。

このことはまた、子息を地方から首都圏の大学にやる親御さんの経済的負担の軽減や、深刻な問題となりつつある地方都市の人口減の歯止めにもつながるだろう。

国家公務員総合職試験　現場の声を閉ざす制度となっていないか

■総合職と一般職の著しい格差の是正を！

その昔、中国で高級役人の登竜門として実施されていた試験を「科挙」と言ったが、国家公務員総合職試験はその日本版である。明治時代に高等文官試験として始まり、戦後、国家上級甲種・I種として引き継がれ、平成二十四年から「総合職試験」に名称が変更されたが、一貫してエリート官僚への登竜門であることに変わりはない。

二者択一で「この制度は必要か」と問われれば「必要」と答えるし、「現状維持でよいか」と問われれば「かなり改善を要する」と答えることになるだろう。

人間にとって、その生まれ育った社会が自由・平等で、経済的にも豊かで安定した暮らしをもたらしてくれるのが理想であるが、そうした理想を実現するためには、いわゆる国家体制としての民主主義の他、国家の根幹を支える優秀なリーダーの存在が不可欠である。特に現代のように複雑化・多様化したメガ組織の舵をとるには、そのリーダーである政治家や官僚の能力・人格・識見がともに優れていなければならない。

そして、こうした要請に官界で応えるのが総合職ということになる。もちろん、多数採用されている一般職採用組の中にも優れた資質を持った者がいよう。しかし、ある程度まとまったマスとして機能するための方法が確立されていない。また、一般職採用の枠組み内の昇進では、他官庁や外国への出向などで得られる複眼的思考を培う機会が充分に与えられない。そういう意味で、一般職採用とは異なるルートを異なるスピードで走り、多様な経験をする機会を与えられた総合職は必要である。

しかしながら、何事も過ぎたるは及ばざるが如しである。

第二章「警察内部の改革」で述べたように、警察官僚は一般職採用者に比べて著しくその昇進速度が速い。また、税務署関係者からも同様の声が聞かれる。省（庁）によって差はあるが、いずれにせよ一般職採用者と比べその昇進があまりに速く、最前線での母体験（きつい、汚い、危険）期間が短いため、次ようなことが懸念される。

一つは、トップリーダーとなり、マニュアルに対処法が載っていないような厳しい局面に遭遇した時、迅速かつ臨機応変に対応できるかという点で不安がある（これは、自らが時として冷汗・油汗を流しながら血肉としてきた様々な体験を、しまっておいたポケットから取り出すことによって対応可能となる）。

次に、一般職採用者とはそもそも着地点が大きく異なるため、大多数を占めるそれらの者とともに同じ目的へ向かって意識を共有し、そのマスの力を十二分に引き出すことができるか、という懸念がある。

的確な対応をするためには、まず正確な事実を知ることが不可欠であるが、現場から遠いトップには、なかなか事実がありのままに伝わらない。得てして部下は、都合のよい希望的観測を交えて報告する傾向がある。それを見抜くためには、若い時、最前線で自ら見聞きし、肌で感じた多くの母体験を演繹《えんえき》的に組合せることが求められる。

また、よいワインとなるためには何十年もの熟成期間が必要であるように、一流のプロフェッショナルとなるためにはかなりの時間を要する。これは特に、物理や化学などの自然科学に比べ、政治・経済・法律のような人文科学分野で顕著である。

かつての太平洋戦争で日本は大敗を喫した。その要因は米国の物量作戦に圧倒されたことにもよるが、戦前の日本において典型的な官僚組織であった軍隊で、陸軍と海軍の意思疎通がなく、大本営と現地指揮官の意思疎通もうまく機能しなかったことが大きいと言われている。『失敗の本質』（戸部良一他著、ダイヤモンド社、一九八四年）という本の中で、その原因を様々な角度から分析・検証しているが、端的に表現すれば、「大本営と現場の距離が遠く、そして現場の声を奪った」と結論づけている。

大多数を占めるノンキャリア組の「どうせ俺たちが何か言ったところで、霞ヶ関の本庁には……」との諦念が、現場（地方）からの声を奪っていないだろうか。さらには、かつて陸・海軍の意思疎通がなく日本軍全体としての効率のよい戦いができなかったように、国益よりも省（庁）益を優先する弊がまかり通ってはいないか、真摯に見つめ直すことが必要であろう。

江戸時代、武士以外の識字率が低かった頃、あるいはもう少し時代が下って明治・大正時代、大学卒と言えばほんの一握りの存在であった頃の格差の感覚が、現在の国家公務員制度に引き継がれているのではないかと思えるのである。

そろそろ、総合職と一般職の著しい格差の是正などについて真剣に見直す時期に来ているのではないだろうか。

■地方創生のために知的人材の分散採用を！

今一つの提言は、司法試験改革のところで述べたように、キャリア採用及び配置をより地方密着型にして、地方創生のテコとすべきではないか、ということである。

現在、地方創生の必要性が声高に叫ばれているが、地方が真に創生するには、かつてあったようなバラ撒き予算で箱物を造るだけではダメだというのはもちろんのこと、産業・経済、医療・福祉、文化・芸術などの活性化のため、知力（人材）の分散が必要不可欠である。

そのためには、道州制ではないが、全国を十ブロック程度に分け、その人口比に政治・経済状況などを加味した定員（合格者）数を配分（例えば、関東三、近畿二、北海道一、東北一、東海・中部・北陸一、中国・四国一、九州・沖縄一の割合）して採用しては如何だろうか。そして採用後は、中央と他のブロックにも武者修行のため一定期間行き来はするが、原則として大半の年月はその採用ブロック内で仕事をさせる。このようにすれば、その地方の歴史や地理、さらには伝統、風習、人情などをよく知った者、また深い郷土愛を抱いている者が、一層の情熱を持って仕事に取組めるのではなかろうか。

平成二十六年九月、新たに創設された地方創生担当大臣に着任した石破茂氏がテレビ出演して、「知恵とやる気のある地方には、予算と人材（若年官僚）を派遣する」などと述べていた。そのような小手先の対応よりも、先のような制度こそ、より抜本的な地方創生に貢献するのではないだろうか。

ついでにもう一つ、トップリーダーなど監督的立場に立つ者に心してもらいたいことがある。それは、部下が何か問題を起こした場合の自身の責任のとり方、部下への責任のとらせ方である。

一昔前は、例えば部下が規律違反を犯して一般市民や相手方の激しい批判にさらされたとしても、そこに至った原因や日頃の仕事ぶりなどを勘案して、「限界まで体を張ってかばってやろう」との熱い思いを感じさせる上司もいた。しかし最近は、ダメージコントロールという名のもとに、早々に免職などの処分を行い、とにかく頭を下げて早期終息を図るマニュアル処理に傾きすぎているのではないだろうか。

この点に関して、前出の『暴力団のタブー』の中で鈴木智彦氏が述べている言葉を紹介する。

問題なのは、不祥事を恐れるため、大方の刑事が事件の深追いをしなくなったことにある。危ない橋は渡らない。市民のためにではなく、自分のために。（略）

ガチガチのルールを少しでも破れば懲戒免職。見て見ぬふりでそれをかばっても重い処分を科せられる。警察はもう少し身内の不祥事をかばい、寛容になるべきだ。露呈した時、大義があるなら、トップが居直ればいい。今のままだと、どんどん捜査能力は落ちる。

（鈴木智彦「暴力団捜査担当刑事たちの〝ノルマ事情〟」、『暴力団のタブー』所収）

このような同情ともとれるアドバイスに、今一度、耳を傾けてはいかがであろうか。

私大医学部試験　受験の機会均等なし――法の下の平等違反

現在、多くの過疎地で医者不足が問題となっている。都市部においても産婦人科、小児科医などが不足し、手当てを受けられず、出産した母親が死亡するなどの痛ましい事案が起きている。また、交通事故で怪我をした急患が、病院をたらい回しにされ、速やかな治療を受けられずに死亡したり、死には至らなくとも不要な苦痛を強いられる事件も、少なからず発生している。

医師不足はかなり改善してきたと言われるが、このような状況を見ると、まだまだ増員する必要があるのだろう。ただし、国公立系病院の医師・看護師らが増えれば当然、給与報酬などの経費が増大し、税金がつぎ込まれることとなる。

医師の平均年収は、開業医で約二八〇〇万円、勤務医で約一五〇〇万円（平成二十四年、厚生労働省資料）というが、一般のサラリーマンから見ればかなり高給取りである。高度の専門性や技術、責任の重さなどから、それ相応の報酬が支給されてしかるべきだろうが、医師の数を増やして医療制度の充実を図るための原資の一つとして、億単位で稼ぎ、いつも地方の高額納税者番付の上位を独占している開業医から、もっと多くの税金を徴収してはいかがだろうか。

もちろん、これだけでは焼け石に水かもしれないが、中間層への幅広い増税をする前に、高額所得者への増税は必須であろう。最近では、病院経営の収入を上げるため、三泊四日程度で数百万円もかかる検査入院に外国の超富裕層を迎えている病院も増えつつあるという。

ともあれ、私がいつも不思議に思うことの一つが、私立大学の医学部である。

入学初年度の入学金・授業料などの合計は一千万円前後となり、次年度以降の年間授業料も五、六百万円が普通である。一人が卒業するまでの費用は、生活費を含めると五、六千万円はかかっている。子供が受験期を迎える頃の一般的なサラリーマン（四十五～五十歳ぐらい）の平均年収は五百～八百万円ほどで貯蓄も充分ではなく、私大医学部の受験など初めから論外である。

経済的に国公立大学医学部への道しかない者の中には、不幸にして合格できず、工学部や理学部、あるいは法学部や経済学部などの文科系学部に転向し、医者以外の道へ進むことを余儀なくされる人も多い。しかし、医者の子息やお金持ちの子息で医師を目指す者は、国公立に合格できなくても、私学の医学部へ入学できる。もっとも、国公立大医学部と難関の有名私大医学部を双方合格し、後者に入学する者もいるが、それこそ金があっての故である。

医者は、我国においては最もステイタスの高い仕事の一つであり、本来はチャレンジの機会においても公平であるべきだが、かなりの割合で金がものを言っているのが現実だろう。

この点について問題にした国会答弁など聞いたことがないが、なぜ問題にならないのか不思議である。選挙のためであろうか、それとも入院した時、しなくてもよい注射を打たれたり、重傷の場合でも放置されたりすることを心配してであろうか。

私見では、医学部は原則国公立にし、医師は公務員にした方がよいと思う。報酬は、いわゆるキャリア公務員並みか少し割高にするが、その代わり職務命令として一定期間、過疎地の地方に赴任させることによって医師不足の解消を図ればよい。

これにより、わずかな点数の差で国公立大医学部への入学に失敗し、さりとて経済的に私大医学部には行けず、医師の道を閉ざされるというようなこともなくなり、受験のゆがみも緩和されるのではないか。また、公務員制になり開業医のように高い収入が得られなくなれば、金が目的でない〝赤ひげ先生〟を目指す、志の高い人がもっと多く出てくるだろう。

日本の医師と患者の関係は、まだまだ対等の立場にあるとは言い難く、時として患者に横柄な態度をとる不心得者も散見される。患者の方も、病気を治してもらわないといけないから、言いたいことは我慢し、わからない医学用語の説明にも黙って頷くしかないのだ。赤ひげ先生なら、そんな理不尽なことはしないだろう。

救急病院などで当直が多く、さらに当直明けも寝ずに頑張っている医師、看護師もたくさんいるのは承知している。警察官も、当直日の夜は一睡もできないことが多く、明けの非番日も休まずそのまま事案処理をし、頑張っているので、その肉体的・精神的負担はよくわかる。

このような誠実な医師たちが倒れないためにも、医師を公務員にして増加を図り、地方派遣によって偏在をなくし、医師及び患者の負担・不利益を軽減させていくことが急務ではないだろうか。また、専攻科もある程度割り振ることで、産婦人科医や小児科医不足も解消していくのではないかと思う。

我国では、国公立・私学を問わず、医学部生が一人前の医者となるまでに数千万円の税金がつぎ込まれているという。

まずは、我国の国民を対象とした〝治療〟をなすべきであろう。

最近、金持ちとそうでない人の受けられる治療の質に格差が生じつつある。例えば、癌治療で行われている重粒子線療法や免疫療法などは自己負担額が数百万円になるという。誰でも手軽に受けられるものではなく、命の重さが金次第ということになってきている。医師になる可能性が能力ではなく金の有る無しで左右される延長線上に、このような金持ち優先治療の存在があるのではないだろうか。

我国の憲法は、基本的人権の尊重などと並び、法の下の平等が大原則の一つとなっている。これは、能力と志さえあれば、誰にでもその機会が均等に与えられることを保障するものではなかったか。医学部の受験制度は、医師を目指す若者にその機会を平等に与えないという意味で、憲法違反の最たるものであろう。

教員採用試験　コネや縁故採用は解消されたか

世の中で最も切ない出来事の一つは、もともとコネや縁故関係などがなければ合格できない試験について、努力してよい結果を出せば合格できるものと信じ、何年もかけて臥薪嘗胆で勉強している若者を見ることだ。

平成二十年、大分県教職員採用試験の不正が明らかになった。親が教員などで教育長や教育委員会などにコネがある者が合格するというシステムのもとで、朝早起きしてジョギングで体調を整える受験生、体調管理のため毎日の食事に気をつける母親、また、子供の合格を願ってお百度参りまでした母親もいたという。しかし、そんなことは当初から関係なく、彼らは枠外であることを知らずに頑張っていたのである。

地方の市町村職員の採用においても、市長や町長、有力議員にコネのある者が合格するということが、今でもまかり通っていないだろうか。

活気ある溌剌《はつらつ》とした国家は、努力し実力を身につけた者が栄光をつかめるという道があってこそ生まれる。また、青少年にとっては、この夢が持てるかどうかが、将来の人格形成においても非常に重要となる。

かつて我国の内閣の要職を務めたM氏は、ある有名月刊誌の対談で、大学入試もその後の就職もコネを使ったと自ら述べていたが、このような者はまた政治の世界でも〝寝技〟を得意とし、真の民主主義とはかけ離れた派閥政治を行うものである。

民間の会社、例えば銀行などにおいて、大口取引先の役員の子女をコネ採用することなどが、会社の運営をうまく進めていく上で必要になることがあるかもしれない。しかし、せめて公務員など公益により強くかかわる職の採用、特に学校の教員など子供の将来、ひいては日本の将来に大きくかかわる部門においては、実力や人物本位の厳正な採用制度を貫徹してもらいたいと思う。

第四章 社会制度への提言

選挙制度 マイナス（弾劾）投票を認めよ

民主主義の原点は投票箱である。ザル法であったり、かなりの悪法と思われる法や条例も、我々が選んだ議員が決定――つまり間接的には自分たちが決めるのであるから、遵守義務が生じてくる。

一票の価値は本来同一であることが望ましい。しかし、選挙区の定数、有権者数など諸般の事情から、かつて最高裁はおおむね三倍程度まで、最近は二倍程度であれば違憲でないとしている。将来、限りなく一倍に近づいていくのだろうか。

国政選挙にしろ地方選挙にしろ、なかなか、これぞと思う政党、立候補者がいないということもある。最近のアンケート結果を見ると、約四割の人が支持政党なしである。過去、社会党（現社会民主党）や民主党が大躍進した選挙があったが、もともと支持者でない者が、時の政権政党であった自民党のあまりのていたらくにお灸を据えるため、これらの政党、候補者に投票した結果であったとされる。

本来、支持する政党や候補者に投票がない人は、棄権せざるを得ない。これらの人の民意を反映させるには、この政党、この候補者だけはダメだというマイナス票を入れられるようにしては如何かと思う。そうすれば投票率は相当にアップし、相対的に民意に近い政党、候補者が選ばれるのではないか。刑事訴訟法上に相手方の証拠価値を減殺する弾劾規定があるが、公職選挙法にもこれを取り入れればよい。

ただし、この制度をとり入れると、マイナス票が多くて、ほんのわずかな票で当選する者が出てくるかもしれない。しかし、民主主義というものは所詮、相対的なものであろうから、それは致し方ないとすべきである。そして、これを何回か繰り返すうちに国民も要領がわかってきて、マイナス票の投票率もちょうどよい案配になりバランスがとれてくるのではないかと思う。

年金制度　シンプルでわかりやすく、そして支給額の充実を！

年金や医療制度の充実度が、この国に生まれてよかったと思うかどうかという国民の幸福度に大きな影響を与える。

まず年金であるが、今の年金制度の印象を一言で言うと、支給額が少なく、その内容も複雑でよくわからないというところだろう。

私は大学を出て地元の銀行に一年、そして地方公務員（警察官）として約三十七年間勤務し、数年前、満六十歳で退職した。しかし、年金担当者による退職直前の説明会まで、どういう名目でいくらぐらいもらえるのか、よくわからなかったし、同僚の多くも似たり寄ったりであった。

ある政治家は年金制度について、

「まるで増築を重ねた老舗旅館のようだ。正面から入ると一階で、裏から入ると三階で……。ろくな設計図もないから、仲居さんに聞かないとわからない」

と評した。

また、一般的なサラリーマンが受け取る厚生年金の平均月額は十四万五五九六円となっている（平成二十五年度、厚生労働省「厚生年金保険・国民年金事業の概況」より）。

退職後も、任意の生命保険料や、車を所有している人は車検代金や重量税、任意保険料、持家のある人は固定資産税の支払いがある。さらに、会社に再就職しない人は健康保険（社会保険）がなくなるので国民健康保険に加入することになる。

健康保険は、現役時には給料からの天引きで半分は会社が負担していたから、さほど負担に感じなかったが、いざ無職となると、この支払いは思わぬ負担（年収や自治体によっても異なるが、退職後一年目に支払う保険料が五十万円を超えることも多い）となってのしかかってくる。従って車関係などを合計すると五十～百万の支出があり、さらに家のローンが残っていたり、賃貸アパート・マンションに住んでいたりすれば、公的年金だけでの生活は難しくなってしまうのである。

このことは約三十年前から政府も雇用主（会社）もよくわかっており、この頃から任意の自助年金（企業年金）に加入するよう盛んに勧められるようになった。

私が勤務した福岡県警にあっては「ゆとり年金」と「財形年金」という名称の二つの年金、あるいは少なくともそのうち一つの年金にかなりの者が加入し、六十五～八十歳ぐらいにかけて概ね月々五～十万円を受け取っている。自助年金を全く掛けていない人は、定年が来ても、悠々自適の生活は当分お預けとなってしまうのである。

農業、自営業は定年がなく、六十歳を過ぎてもそこそこ稼せいでいる人はいいが、問題は健康面や体力面で働くことが困難となる人たちである。また、そうでなくても、一区切りつけたいと思っている人たちも多いだろう。しかし、月々六、七万円の国民年金支給額では、憲法の保障する健康で文化的な最低限度の生活を営むことさえ難しい。

私自身、他人様のことをとやかく言えるような境遇ではないが、この額でよく多くの人々が生活しているなと感心してしまう。永田町の政治家が赤坂の料亭で数回飲食すれば消えてしまう額で一カ月を凌いでいるのである。

ついでに言えば、遺族年金の問題がある。私の妻は若い時、看護婦(師)として十数年働き、結婚してからは第三号被保険者として、私の給料から二十数年にわたって保険料を支払ってきたが、五十代後半に癌で死去した。

しかしながら、現状の制度では、私は遺族年金を受給することができない。妻が生前に働いて掛けていた分や私が支払ってきた分は、掛捨て同様となってしまったわけである。満額とは言わないが、せめて本来受け取る額の三分の一程度でも受給できないものかと思う。故人の生きていた証《あかし》であり、子供や孫にとって少しでも役立てば、彼らも故人に感謝するし、また故人もそれを望むはずである。

先般(平成二十六年七月)、某テレビ番組で六十五歳以上の高齢者の平均貯蓄額が約二二〇〇万円で、年代別に見てもお年寄りが一番お金を貯め、なかなか離さない、使わないと報道されていた。これはお年寄りがケチなのではなく、最後に頼るのはお金であり、手離せないのである。

年金だけで充分に暮らせれば、お金を貯めておく必要はない。それこそ先がそう長くないのだから、旅行や趣味、子や孫のためにもっと使うことができる。しかし、自分の今の生活を支えるためにも、不測の出費のためにも、手元にまとまった金を持っていないと不安でしょうがないのだ。

特に現在の日本では、政府にも子供にも最後まで生活の面倒を見てもらうことは困難である。しかも、人生の最後まで他人様に迷惑を掛けるようなみっともないことはしたくない、という日本人の恥の文化が貯蓄堅持の根底にあるようにも思える。

年金で最低限の暮らしができるとなれば、そんなに金を貯める必要はなくなり自由に使うことができ、経済の活性化につながる。若い世代も、安心して老いてゆけるということで、家庭を持つことにも積極的になれる。

現在、少子化が問題となっているが、経済的にやっていける自信がないとして踏み出せない若者が多い。加えて、老後を迎えた時、年金制度自体がすでに崩壊しているのではないかとの危惧を抱く人も少なくない。年金制度の充実が、少子化問題解決のカギを握っているとも言えるのである。

医療制度　自己負担をこれ以上増やすな！

日本は現在、先進国の中では「中負担の中福祉国家」とされるが、医療については高福祉国家と言えるのではなかろうか。その理由は言わずもがな、世界に冠たる健康保険制度を戦前よりいち早くとり入れてきたからである。

いわゆるブルーカラー対象の健康保険制度は大正十一年に、ホワイトカラー対象のそれは昭和十四年に導入され、戦後の昭和三十六年には国民皆保険が実現した。

昭和四十七年当時、サラリーマン本人の自己負担額は五百円程度であったが、約十年後の昭和五十九年に本人負担は一割、その後、平成九年に二割（その他薬代の一部を負担）、平成十五年には三割負担と引き上げられ、扶養家族も同様に三割負担となっている。

健康保険は年金と並んで、国民を守るセーフティネットの最たるものである。これ以上の負担増になれば保険制度の制定趣旨――どんな人も平等に病気や怪我の苦痛から解放される権利がある――が崩壊していくのではないかと危惧している。お金がないため受診できず、病気の苦痛に耐えざるを得ない、という状況だけは絶対に避けなければならない。如何に国家財政が逼迫しても、ここは譲れない部分である。

これから、ますます高齢化が進み、今のままの負担では医療関係予算がパンクしてしまうという意見もあるだろう。しかし、まだまだ地方に行けば、不必要な診療や投薬などで利益をあげている医者もいると聞く。田舎の病院の待合室で、お年寄りたちが「最近、○○さんを見かけないけど、病気になったんじゃなかろうね」と話していた、などというおとぼけ話もある。

無駄を削減するとともに、まずは年収数億円の超高額所得者からもっと税金を取り、保険制度維持の原資としてもらいたいものである。

私は平成二十五年三月に福岡県警を退職し、県内の民間会社に再就職して働いている。警察官時代は虫歯の治療もつい後回しにしていたので、あちこちに不具合が出始めてきた。再就職から三カ月ほど経った頃、久しぶりに歯科医院にかかったところ、初日の検査で若い女性歯科衛生士から「虫歯、十三本です」と言われ、思わず診察椅子からズリ落ちた。それから現在（平成二十七年一月）まで治療が続いている。

その中で一番てこずったのが左下の奥歯二本で、医師もその歯を残せるよういろいろと工夫してくれたが、ついに抜かざるを得なくなった。その後の選択肢は、そのまま放っておくか、部分入歯をするか、インプラントを入れるかである。

今のままだと反対側の奥歯にも負担がかかり、その歯の寿命も縮めてしまうという。かといって入歯については、晩年の父親が総入歯で、食後にパカンと口から取り出して無造作にコタツの上に置いているのを見てげんなりしていたので、もう少し年を取ってからにしてもらいたいという気持ちであった。結局、インプラントを選択することにしたが、問題はその費用である。

見積書を出してもらったところ、二本で総額八十二万円かかるという。その日は一旦保留し、インプラントをしている親族・知人を探し回って意見を求めたところ、二名は高い、二名は平均的値段、残り一名はどちらかというと安いのでは、という回答で、八十二万円という金額が私が思ったほど法外ではないことがわかった。

しかしながら、年金制度のところで記したように、国民年金の一人当たり年間支給額は満額でも七、八十万ぐらいであり、また障害者年金も、等級にもよるが、だいたいこの程度の額となっている。つまり、この人たちの一年分の生活費をインプラント二本のために使ってしまうこととなる。

歯を食料品にたとえれば、米や味噌、醤油と同じ生活必需品であり、これらの品には法外な税金をかけないだろう。しかし、インプラント二本で八十二万円は、例えば米二kgが一万円というのと同じぐらい法外な金額だと感じてしまう。

もっとインプラントを低額にして多くの人――主として低収入の年配者・お年寄りというこ

となろう――が手軽に利用できるようになれば、歯は健康の基であるから、結果的に病気になる人も少なくなり、医療につぎ込む税金もより少なくて済むだろうに……と思ったりするのである。

最近もテレビで、我国の経済格差は段々と広がっており、子供の相対的貧困率*が一六%と、先進国の中で最も高いクラスに入ると報道されていた。これに該当する子供の一日三食分の予算はわずか三百円であるという。こんなニュースを見聞すると、贅沢なインプラントを利用することに罪悪感さえ感じ、自分で稼いだお金とはいえ、つぎ込むのを躊躇してしまう。

学校卒業後、銀行員、公務員（警察官）、そして現在の民間会社員としてトータル四十年間ブランクなしで働いてきた者に対し、歯の治療で頭を悩ませる医療制度を恨めしく思っている。

＊相対的貧困率
貧困線（等価可処分所得の中央値の半分。平成二十一年は一一二万円）に満たない世帯員の割合。

終身雇用制・年功序列制　会社は地域住民のもの

私は約三十七年間、地方公務員（警察官）として勤めた。最後の約十年間は「失われた二十年」の経済不況の余波で昇給がストップしたが、それまでは毎年、わずかではあるが給料が上がり続けた。公務員であったため、会社が倒産する心配はなく、給料もほぼ年功序列となっていた。

終身雇用＝年功序列制は、基本的には勤め人の生活に安定感をもたらしてくれる制度であり、また少子化防止など社会的にもよい影響を及ぼすものだと思う。その理由は、次のようなことである。

・リストラや派遣契約打ち切りなどで、いつ解雇されるかわからないような状況では、結婚、出産・育児、家の購入などのプランが安心して立てられない。若者が結婚しない、子供をつくらない理由の一つがここにある。

・会社を転々とすれば、その度に新たなスキルを習得しなければならず、大きな負担になる。また、人間関係もゼロからの出発となり、これにも大きなエネルギーを費すこととなる。十年、二十年と同じ職場で働けば、それまで培った信頼関係で少々の失敗やミスもお互いに許容できるし、無用なトラブルを避けることができる。また、何をするにも一から説明する必要はなく能率が上がる。

年功序列は、すべての人が確実に年をとるため不公平感がなく、許容しやすい。

最近、能力主義での差別化が奨励されている向きもあるが、基準の置き方や評価する側の能力・考え方などによって優劣が逆転する場合もあるし、そもそも差別化自体がなじまない業種もあるだろう。誰もが納得するような評価は、なかなか難しいのではないだろうか。

サッカーに例をとれば、ゴールを決めた選手が一番注目を浴び、活躍したように見えるが、その前にパス回しをやったり、直接ボールに触れなくても、相手選手の動きを封じたりする者がいた上で、ゴールとなるのである。

特殊な仕事を除いては、評価されない人も評価される人に近い能力・スキルを持っている場合があろうし、相対的に評価されない多数の人の地道な仕事があって初めて、評価される人の仕事も光ってくるのである。

わずかな差を会社が過度に差別化すれば、その他の人のやる気を失わせ、職場の士気を低下させることになる。差別化によりメリットを受けた人は、その他の人の陰の力に感謝し、逆に他の人たちは、会社を伸ばす製品の開発などにより貢献したその人に感謝する、という関係を作らなくては、差別化による弊害こそあれ、メリットはない。

勤め人の喜び、生きがいは、同期より多く金を稼いだり、昇進が早かったりということだけではない。組織の中で周囲から頼りにされ、リスペクトを受け、同僚のみならずその家族の生活向上にもお役に立てているとの思いが、何にもまして生きがいになったりするのではなかろうか。経営者は、社員のこのような思いを、重く受け止めておかねばならない。

五、六年前、あるテレビ番組で、終身雇用制をかたくなに守っている長野県の小さな会社が紹介されていた。古稀を少し過ぎた頃と思われる男性社長の「会社は地域住民のもの。公共財産です」と謙虚に語った姿が印象的であった。

平成二十六年九月、日立製作所が管理職の一部に適用されている年功序列加味の賃金体系（勤務年数七割、能力評価三割）を全面廃止すると発表し話題となった。ギスギスして荒れた職場になり、離脱する者が増え、弱体化につながるのではないかと危惧している。

できれば各企業は、このような年功序列加味の賃金体系と終身雇用を原則とする安定した雇用体系を衰退させず、維持してもらいたいものである。

多くの会社が、背に腹は変えられないと、低賃金を求めて海外進出したが、その後国内の雇用・需用はどうなったか、そのツケが最終的に自社にも回ってこなかったか。そのような歩みを今一度振り返り、雇用体系についても同じ轍《てつ》を踏むことがないように、踏ん張れるだけ踏んばって欲しいものである。

内閣総理大臣の擬似世襲制の禁止　二親等以内に総理大臣経験者がいる者はアウト

政治の最高権力者のポストが親族間で独占され続けると、政治が国民のためではなく、その一族一派の利欲追求のために行われ、ゆくゆくは腐敗していく。そしてこれに異を唱える者を弾圧するなどの恐怖政治を強行し、国民は艱難辛苦を強いられる。これは、古今東西の歴史が示すところである。

お隣りの北朝鮮では金日成→金正日→金正恩の独裁政治が現在進行形で続いているが、これはその典型的な例である。

また、これとは少し異なるが、自由・民主主義の代表格であるアメリカ合衆国においても、近年、ブッシュ・シニア（ジョージ・ハーバート・ウォーカー・ブッシュ）の二代後に、ブッシュ・ジュニア（ジョージ・ウォーカー・ブッシュ）が、その地盤・看板・カバンをバックに大統領になった。彼はドイツやフランスに先を越されているイラクの石油に触手を伸ばし、父親の時代から築いてきた中東の石油利権をさらに拡大しようと、ありもしない核を保有しているとしてイラクに戦争を仕掛けたとも言われる。歴史的にほぼ同時期に、アメリカ大統領という絶大な権力を親子に与えてしまったアメリカ国民の選択は、如何なものだったかと思うのである。

日本の政治の最高権力者は内閣総理大臣である。アメリカ大統領とは比較にならないとは言え、現役の総理大臣の力はやはり絶大である。その総理大臣の最近の顔ぶれを見ると、表七のように、六代のうち四人は祖父・父親が総理大臣経験者であり、世襲制に近い状態になっていることがわかる。

■表7　直近6代の総理大臣とその父・祖父

代（在任期間）	本人	父	祖父
第91代（2007.9.26〜2008.9.24）	**福田康夫**	**福田赳夫** 第67代総理大臣	**福田善治** 金古町町長
第92代（2008.9.24〜2009.9.16）	**麻生太郎**	**麻生太賀吉《たかきち》** 衆議院議員（日本自由党）	**麻生太郎**（先代） 実業家 （母方）**吉田　茂** 第45・48・49・50・51代総理大臣
第93代（2009.9.16〜2010.6.8）	**鳩山由紀夫《ゆきお》**	**鳩山威一郎《いいちろう》** 第105代外務大臣	**鳩山一郎** 第52・53・54代総理大臣
第94代（2010.6.8〜2011.9.2）	**菅　直人《なおと》**	**菅　寿雄《ひさお》** 実業家（セントラル硝子常務取締役・監査役）	**菅　實《みのる》** 久米郡医師会会長・久米郡会議員
第95代（2011.9.2〜2012.12.26）	**野田佳彦《よしひこ》**	**野田義信** 自衛官	
第96代（2012.12.26〜）	**安倍晋三**	**安倍晋太郎** 農林大臣・官房長官・通産大臣・外務大臣・国対委員長・政調会長・総務会長・幹事長	**安倍　寛《かん》** 衆議院議員 （母方）**岸　信介《のぶすけ》** 第56・57代総理大臣

総理大臣となるには国会議員に当選することが大前提であるが、福田康夫、麻生太郎、鳩山由紀夫、安倍晋三の各氏とも、祖父・父親の地盤・看板・カバンを引き継ぎ、地元票を獲得したからこそ当選したのである。そうなると当然のこととして、その地元に有利な取り計らい、例えばインフラ整備、企業誘致、有力者の子弟らの就職斡旋などにある程度便宜を図ることもあるだろう。

遺伝子的に見れば、祖父や父親に総理大臣を持つ者は、政治家に必要とされる判断力・決断力などの諸形質を備えている確率がより高いかもしれない。また、特定の人が総理大臣となることをあらかじめ排除するような規定を設けるのは、そもそも憲法で規定する個人の幸福追求権や職業選択の自由に反しており、違憲ではないかとの意見も出てくるだろう。

しかしながら、祖父や父親に総理大臣経験者を持つことは、ジャンボ宝くじに当たるよりも確率が低いので、政治家を目指す者全体への制約にはならないし、社会的に不平等感を与えるものでもないと思う。

祖父・父親など二親等以内の直系血族に総理大臣がいる人は総理大臣になることができない。彼らには気の毒であるが、特定の一族とそれを取り巻く者たちへの利権集中を防止し、国家の腐敗を防止するための社会の知恵として、このような制度が必要ではないかと考えている。

収入格差は三倍まで　強欲経済に決別を――超格差社会は守るに足らず

約二十年前の一九九六年に国連開発計画（ＵＮＤＰ）が発表した「人間開発報告書一九九六」には、

「世界の国民所得は一九七五～八五年の十年間で約四割増加したが、貧しい人々の数は逆に一七％増加した。世界で最も富裕な三五八人の資産は、世界人口の約半分に当たる貧困層二十三億人の所得合計より多く、先進国の経済成長が続く中、富裕と貧困の二極化が世界に広がっている」

と記載されていた。また、二〇一四年一月には国際非政府組織（ＮＧＯ）オックスファムが、「最富裕層八十五人の資産総額が下層の三十五億人分（世界人口の半分）に相当、また、人口の一％を占める富裕層が世界の富の半分を握るほどに悪化した」

と発表、格差が年を追うごとに深刻化している。

人類の最大の不幸は戦争である。世界中で起こってきた戦争や紛争の多くは、著しい経済格差から来る極貧――生命を最低限維持する栄養が取れない、重い病気となっても治療費がなく死亡する――などから脱却するための一揆・暴動に端を発している。

東南アジアや南米などでゴミ捨場をあさったり、通りすがる車のドライバーに物乞いをするなどして生活しているストリート・チルドレンも依然として多い。ユニセフによると、二〇一三年に五歳未満で亡くなった子供は全世界で六三〇万人にも上り、また、アフリカ・サハラ砂漠以南の国々においては十一人に一人が五歳まで生きられないとして、毎年、救援募金を呼びかけている。

憲法の規定する「健康で文化的な最低限度の生活」が最下層の弱者にも保障されているなら、個々人間における数十倍、数百倍の格差も、許容できるかもしれない。しかし、格差社会ではいずれ強い者や集団の一人勝ちとなり、結果として弱者の取り分が減少していき、必要最低限の分配も受けられなくなってしまう。

日本では、社長と社員の給料の差が平均十七倍、アメリカでは四百倍といわれる(「文藝春秋」二〇一四年七月号)。この場合の社員は新入社員か四、五十代の中堅社員か不明だが、いずれにせよ我国も大きな差がついてきている。

私は、地方公務員(警察官)として約三十七年間勤めたが、新任巡査と定年前の警視(警視正)など上級幹部との差は三、四倍、警視監など本部長クラスでも五、六倍である。また、同期で巡査部長、警部補(主任・係長クラス)で定年を向かえた者と、警視・警視正で定年になった者の生涯賃金を比較しても、恐らく一・二〜一・三倍程度の差しかないであろう。しかも、後者の場合は前者と比べ転勤などに伴う出費が多く、結局はチャラとなる。私の知る限り、双方の者が取り立てて不満を持つわけでもなく、黙々と働いているのが現状である。

アメリカの場合、社員の四百倍の収入を得ている社長もいるとのことだが、社長がパンやステーキを四百人分食べるわけではなく、テレビや冷蔵庫を四百台持つわけでもない。その消費は、超高価な貴金属の購入や、さらなる投資金などに偏って使われるであろう。仮に、四百倍の収入の半分でも社員に分配すれば、社員の食糧・日用品などの購入増加により、製造業者や流通販売業者など幅広い人々に利益をもたらし、経済の健全な発展に寄与するだろう。

平成二十五年、メガバンクであるみずほ銀行が、暴力団など反社会的勢力に融資をしていたことが発覚したが、みずほフィナンシャルグループ社長・佐藤康博氏の平成二十四年度の年間報酬は一億一六〇〇万円に上るという。また日産自動車のカルロス・ゴーン社長の平成二十六年三月期の役員報酬が九億九五〇〇万円と、一般サラリーマンからすれば、桁外れな額が報じられていた。

近年は、総収入から保険料などの控除額を引いた収入の一八〇〇万円を超える部分については、四〇%の税金がかけられている（平成二十七年以降は、四千万円を超える部分については四五%となる）が、それでも手元には大きな額が残る。

派遣社員や年金生活者の中には、月十万円にも満たない収入で、爪に火を点《とも》す生活を強いられている人も多い。そんな中、高額所得者が、もらった分だけ社会に貢献しているとは到底思えないのである。

世界最大のＧＤＰを誇る米国でも、ここ十年間の格差の拡大は凄まじく、所得が上昇したのは上位の一〇％だけで、残りの九〇％の人々は逆に所得がグンと下がっているという。国民皆保険制度のない同国では、失業すると健康保険を失ってしまい、病院の治療費を支払うために家を売り払ってホームレスになってしまう人も少なくないと言われている。

また、教育においても公立の学校が少なく、名門私立大学の年間授業料は日本円にして五百万円程度のところが多い。これは米国人の平均年間所得とほぼ同額で、平均的家庭が捻出できる額ではなく、誰もがチャレンジできないようになっているという。このため、富裕層の子供は富裕層になり、貧困層の子供は貧困のままで人生を終えるいびつな社会になってきているが、最近の日本も、どうもそれに近づきつつあると感じている。

戦後、朝鮮戦争による特需、神武・岩戸景気を経て、我国の経済も相当に立ち直ったが、それでも昭和三十年代頃の生活は、米国に比べて相当に貧しかった。しかし、この時期においても、治療費が高くて病気の治療を受けられないという人はほとんどいなかった。また、教育面においても、国公立大学の授業料は現在に比して相対的にかなり低額であり、家庭が貧しくても努力さえすれば、そして入学後にアルバイトなどをすれば自力で何とか卒業できるという、青少年にとって大きな希望が持てる時代であった。

我国においては、小泉政権の頃から、社会の各種セーフティネットの劣化が加速した感がある。歴史を振り返ってみても、収入の不平等が、持たざる者を非人間的なレベルにまで貶めるような状況になると、持つ者への憎しみが生まれ、自己防衛手段として窃盗・強盗などの犯罪が横行する。江戸時代には、大名屋敷や豪商の土蔵から小判を盗んで民・百姓にバラ散くネズミ小僧が現れ、義賊として庶民の拍手喝采を浴びた。このままさらに格差社会が拡大すれば、現代版ネズミ小僧の出現を国民が期待することになるかもしれない。

「悪法は法にあらず」ではないが、「超格差社会は守るに足らず」である。社会秩序が乱れるような状況になる前に、革命ほどラディカルでなくとも、改革と認識されるスピード感をもって、適正な富の再配分がなされるように政治・経済システムを立て直してもらいたいものである。

平成に入って間もなくバブルが弾けた後、不良債権を抱えた銀行などを救うため、預金の金利は虫メガネで見なければわからないようなゼロ金利に抑え込まれ、また公務員などの給料も数次にわたって大幅に引き下げられた。まさしく、儲ける時は莫大な金を手中にし、大損した時はバブルの恩恵をみじんも受けていない人々の税金を使って助けられるという理不尽が行われた。

また、二〇〇八年にはアメリカのサブプライム・ローン問題を震源とし、一九二九年の世界恐慌以来という国際的な金融危機が起こった。米国大手証券会社であるリーマン・ブラザーズは破綻、モルガン・スタンレーも三菱ＵＦＪフィナンシャル・グループに約一兆円の出資を仰ぐなど大混乱となった。この問題は、ウォール街が主導してきた、世界のＧＤＰの十数倍もの金融商品を作り出して荒稼ぎする強欲経済（カジノ経済）の破綻と言われる。

私は子供の頃、親から「大人になっても博打と小豆相場には手を出すな」と言われていた。つまり、これらに手を出さずに地道に働けば、慎《つつ》ましくも安定した生活が送れるとの教えであったが、それもだんだん怪しくなってきている。

今こそ、自己責任とは無関係に格差社会の底辺に追いやられる理不尽をなくすためにも、今日的な自由放任主義を大幅に修正すべきであろう。

格差社会への警告として、先の大戦で激戦地からかろうじて生きて帰ったある方が、押し殺すように述べた次の言葉を胸に刻まなくてはならないと思う。

「日本国民全体の尊い犠牲で、かの戦争から日本を守った。良し悪しは別として。それなのに格差社会となって不平等が著しくなり、死んでいった者の霊が浮かばれない。みんな、良い日本が来ると思って命をかけたのだ」

人は何を生きがいとするか、価値あるものとするかにより、人生に臨むスタンスが異なってくる。例えば、物質的充足にはあまり執着せず、貧しくても博愛、公正、平等などを希求し、精神的なものにより価値を置く者や、反対に「世の中は金と力次第」として富や権力の獲得を至上の目的とする者など様々である。

そして、そのスタンスの相違によって費やすエネルギーの方向が異なるし、また同程度のエネルギーを費やしても、生まれながらの能力の差から得られる対価・結果にかなりの差が出てしまうが、大方の者はこの格差についてはある程度やむを得ないこととして受け入れ、日々の生活を営んでいるのである。

最近（平成二十七年五月）、ＮＨＫのある番組で、国民の収入格差を十段階に分けた場合、最上層の一〇％の者と最下層の一〇％の者との格差が一〇・七倍に及ぶと報道されていた。この格差を、前述したようにやむを得ないリーズナブルな差として許容できるのか否かについては、最終的には個々人の価値判断となってしまうだろう。さは言え、

・石油、レアアースなどの地球資源は無限ではないこと

・工業製品などの大量生産時やそれらの輸送時に大量に発生するCO_2による環境破壊問題がより深刻化しつつあること

・世界の人口が後進国を中心にかなりの速度で増加し続けていること

などを考えると、儲ける意思と能力のある者に青天井の利益追求を認めるというわけにはいか

なくなるであろう。

我国においてはここ数十年にわたり、選挙時の一票の価値の差について、おおよそ三倍までは、その選挙区の各種事情を考慮して違法とまでは言えないとしていた（最近は二倍程度の差であっても違憲状態と判示されるケースが多くなってきているようである）。

人（個人）の価値そのものに直結する一票の価値よりは緩やかに解されると思われる収入格差は、かつて裁判所が一票の格差で判断したように、現段階においては三倍程度まで許容されるのではないかと思っている。一票の価値の差は限りなく一倍に近づいていくのが理想であろうが、収入格差については、皆同じになってしまうと、かえってかつての共産主義国家のように勤労意欲を削ぎ、努力と忍耐を要する技術革新などにも熱意ある取組みがなされなくなり、社会進歩の停滞をもたらすこととなる。努力と能力に見合ったある程度の差は、なくてはならないだろう。

女性の地位向上　義務化せず、特性に応じた配置を！

安倍内閣は女性の活躍や地位向上に熱心に取組んでおり、二〇二〇年までに中央省庁においても指導的地位（管理職など）に女性が占める割合を三割以上とする目標を掲げている。

本来、上級幹部としての才覚があるのに、女性という理由で低い地位に留まらされているのであれば、然るべきポストを与えるべきである。ただ、一般的な動物に雌雄それぞれの特徴があるように、人間の男女にも体力・精神面においてかなりの性差が見られる。それぞれに長所・短所があり、補い合っているのである。

一般的な男女の特徴を思いつくままにあげてみると、

男性……動、大胆、瞬発力、剛、粗野、自力、大局観

女性……静、慎重、忍耐力、柔、繊細、他力、小局観

という感じであろうか。

日常生活に臨むスタンスで言えば、男性は、与えられた現在の生活にはなかなか満足せず、リスクを犯してでもその殻を破って、より豊かな生活を求める。一方、女性は与えられた現在の生活が多少貧しくとも、リスクを犯さず、平穏な安定した生活を希望する。つまり、与えられた範囲内で適応してやっていく能力に優れている。

原野の開拓にたとえれば、男は大鉈《おおなた》や鶴嘴《つるはし》を振って大木を切り倒し、切り株を掘り起こしていくが、女性はその後から、鎌で雑草を刈り、掘り起こされた株を拾い集める。男女の協力により、荒地を立派な耕地に変えてゆくのである。

かつて「君といつまでも」「夜空の星」など数々のヒット曲を出し、団塊・準団塊世代の憧

れの若大将である歌手の加山雄三さんが、二、三十年前、あるテレビ番組で妻・松本めぐみさんとの結婚を決意した理由を語っていた。愛船「光進丸」でデート中、大時化《おおしけ》で船が木の葉のように波間を舞う中、松本さんは船室の椅子に座り、いたって悠然としてマフラーを編み続けていた。加山さんはその様子に感激し、改めてこの人とならと決意したそうである。

小学生の頃、同じクラスの女の子が一日に数センチしか進まない毛糸の編物をしている姿に、このような細かい、そして単純な作業をよくも延々とできるものだと不思議でしょうがなかった。

女性は妊娠すると、お腹に十カ月間胎児を宿し、出産後も授乳やおむつ替えの日々が続く。そして幼児期の子供は何にでも興味を示し、同じことを何十回も母親に尋ね、おねだりする。このような状況に耐える性質を、神が女性に与えたのだと思う。そして、子供がある程度成長していくまでは、病気や怪我をしないように命がけで守らなければならないのである。

危険を承知で高所に登りビルを造ったり、厳寒の荒れる海から魚を獲ってきたりと命がけの仕事は数多くあるが、女性の出産・育児も充分それらに見合うものであろう。それ故、女性が出産・育児をした上に、男同様またはそれ以上の仕事をするとなると、ある意味、男性の立場はなくなってしまう。

才能のある女性の社会進出や、女性にしかできない、あるいは明らかに女性の方が適している仕事への進出は望ましいことである。しかし個人的には、男性が外で働き、女性が家庭で子供を生み育てる社会の方が自然であり、大きな社会問題となっている少子化の歯止めにもなっていくのではないかと思う。

現状は、女性の社会的評価が実際の貢献度より低いし、女性の幹部登用などももう少し推進した方がよいとは感じている。安倍政権は三割という目標を設定したが、欧米では政府高官に占める女性の割合が過半数を超えている国もあるようだ。フェミニストの安倍総理が近い将来、日本も五割を目指すと言い出したりしないか、男女にはそれぞれの役割があると信じる古い人間としては、いささか心配である。

安倍総理を含め、今後の総理には、男だけでも家族を養える社会をぜひ作ってもらいたいものである。河島英五の歌ではないが、時代遅れと言われそうなので、このへんで酒を飲んで寝た方がいいのかもしれない。

人事評価のあり方　加点主義の採用と現場責任者の権限拡大を！

「人生でもう一度戻れるなら、いつ頃がいいか」と尋ねられると、多くの人は小学生時代と答えるだろう。

私も小学生の頃は、ソフトボール、パッチン（メンコ）、独楽《こま》、ラムネ玉、陣取り、Ｚ弾（肉弾）、蹴り馬、台木馬など、夢中になった遊びをあげれば切りがない。夕食を忘れて暗くなるまで家に戻らず、母親を心配させたこともしばしばであった。

そして大人になり、長年会社勤めをした後に振り返ってみると、小学生の頃は年上の人との間で自然発生的な序列はあっても、課長だの部長だのという作られた上下関係はなく、裸の人間関係であったことも、小学生時代に郷愁を抱く大きな理由であろうと思う。

大人になってからの会社勤めも、こうであれば本当に楽しいのであろうが、そうもいかない。船頭多くして船山に登ってしまったのでは、会社が成り立たなくなるからである。

そこで、会社の方針を徹底したり、作業能率を上げたりするため職制（階級）を作り、上意下達のピラミッド構造となる。その結果、下で万年神輿《みこし》を担ぐ大半の者は、赤提灯で上司をつまみに憂さ晴らしとなる。

サラリーマン、特に定年まで勤務することをほぼ宿命づけられている男性にとっては、どんな上司にめぐり会うかということが、人生の中で大きな問題となる。仮に年下であっても、能力・人格ともに優れていれば、「この上司のためなら……」と喜んで仕えられるものだが、その逆である場合、部下はとても辛い時を送ることとなる。何せ、起きている時間の大半を否応なしに付き合わなくてはならないからである。

そもそも、会社の上下関係などというのは、無数にある中からたまたまその仕事を選択した結果生まれる関係である。別の仕事で出会っていれば、求められる能力も異なり、上下関係が逆転していたかもしれない。例えば、アメリカの政府高官が、中国や北朝鮮の政府・官僚組織に入り、自由・民主主義の考えを述べたらアウトであるのと同じである。

さらに出世については、会社によってはコネや縁故が幅を利かせている場合もあるし、また運もある。極端な例だが、山口組の若頭には、実力があっても、その巡り合わせが悪ければなれないと言われている。

とはいえ、人事評価でしかるべき者をその役職に就けることは、会社の盛衰にかかわることであり、大半の会社はその評価のあり方に工夫を凝らして取組んでいる。

すでに取り入れている会社も多いかもしれないが、私は次の三点を提唱したい。

①加点主義

人は失敗を繰り返しながら成長していくものである。一、二度失敗したことでレッテルを貼って窓際に追いやってしまうと、社内全体に委縮効果が及び、闊達な意見交換や積極的な活動ができなくなってしまう。また、失敗は得てしてリスクを取り、会社の雌雄を決するような部門に起こりがちであるから、そこにチャレンジする者も少なくなってしまう。

失敗しても、それをカバーする成果をあげた場合は大いに加点してやり、その積み重ねでリカバリーできるようにすることが必要である。

二十年ぐらい前のことだが、某新聞で日本を代表する大学の医学部名誉教授が「三十代までの誤診率は四〇％であった」と言っていたのに驚いた覚えがある。また、最近iＰＳ細胞でノーベル賞を受賞した山中伸弥教授も、若き外科医時代は〝じゃま中〟と言われていたそうではないか。

②人事部在籍年数の制限

人は他人を評価する時、自分の知っている人、自分の目で見た者を高く評価する傾向がある。これは贔屓《ひいき》ではなく、自然なことである。

問題なのは、評価する人がずっと同じであることだ。「清流、動かざれば濁す」で、清い水も流れが止まり、一カ所に留まれば、やがて濁り腐敗していくのと同じである。ノーベル平和賞の審査委員の在任期間に原則六年という制限が設けられているのもそのためである。

会社を卒業しても周辺に留まり、あれこれと口を出したりする院政は、何をか言わんやである。

③現場責任者の人事権強化

どの会社でも、最前線で外部と接衝し、部下をまとめて奮闘している現場責任者の精神的・肉体的負担は大変なものである。そしてこの現場責任者は、部下の真の力を一番よくわかっている。最前線の厳しい現場でこそ、その人が本来持っている能力や人柄が見えてくるからだ。

時として、現場で働く部下の中には、本社のトップなどと直接つながりを持ち、現場責任者を無視した態度をとる者も出てくる。このような者が、現場の規律を乱したにもかかわらず、そのパイプによって本社に栄転したりすることがあれば、他の多くの社員の士気は大いに下がるであろう。

従って、すべての人事を本社の責任者が決定するのではなく、現場責任者にも一定の権限――例えば国連の常任理事国が持つ拒否権のようなものを与えてはどうだろうか。そうすることによって現場が引締り、成果も上がっていくだろう。現場第一主義である。

ただし、組織全体の統制をとる上で、実際の現場で最高責任者の意に反することを行った現場責任者をよしとするか、さにあらずとするかの判断は、当然ながら最高責任者に委ねられる。現場責任者自身の評価は、その点を加味しながら下せばよいだろう。

ところで人事は「ひとごと」と書くように、辞令を受ける者が思っているようにはまずならない。自分の努力が一〇〇%認められた、報われたと感じられる人はまずいないだろうし、納得できない矛盾に遭遇することもあるだろう。

そんな時の立ち振る舞い方について、聖人と言われた空海が、俗人にも極めてわかりやすい言葉を残している。世のサラリーマンたちにも参考になると思われるので紹介しよう。

然《しか》れども猶《なお》、義《ぎ》を守る者は受けず。道に順《したが》う者は正諫《しょうかん》するのみ。『高野雑筆集《こうやざつぴつしゅう》』

官吏をしている知人から、周囲の不正を憂い、どう対処すべきかを相談する手紙がきて、空海は「正義を守ろうとする者は金品を受けず、道を守ろうとする者は相手がだれであろうと正しく諫《いさ》めるほかはありません」――と返書に書いています。

原文に「しかれどもなお」とあるのは、この前置きに「昔もいまも、かって清廉潔白《せいれんけっぱく》の身で財を築いた者はなく、是非善悪《ぜひぜんあく》を忠告し主君を諫めた人で、出世した者はおりません」――と述べているため。それでもなお義を守り、正しい道を通すべきだと言っているわけです。しかし空海は正論を言うだけで終わっていません。

相手の身を案じて、今後とるべき道をいくつか示し（才気を隠し世俗の水に交わるか、諫言《かんげん》の効果なく敵を作るだけなら官吏を辞めるか、病気を理由に地方への異動を求めるか）、「よく熟考のうえ行動されますように」と締めくくっており、一通の返書がまるで人生相談の見事な回答のようになっています。

（名取芳彦監修・宮下真著『生き方が変わる！　空海黄金の言葉』ナガオカ文庫、二〇〇九年）

第五章 社会常識についての提言

議員・大臣を「先生」と呼ぶまい

平成二十一年一月、ＮＨＫの教育番組にノーベル物理学賞を受賞した益川敏英教授が出演され、次のようなことを仰っていた。

「研究室で議論する際は、先生に対しても『○○先生』とは呼ばず、お互いに『○○さん』と呼び合うルールにしている。なぜなら、先生と冠の付く人には遠慮して自分の本音を話すことができない。活発な議論を行うためには、立場や年齢を超えてフランクに意見を述べ合うことが大事である」

全く同感である。

巷では、国会議員から市町村会議員に至るまで、住民らが彼らを「先生」と呼ぶのをよく耳にする。そして呼ばれた方も何やらその気になって、背中につっかい棒を当てなければ倒れるんじゃないかと心配したくなるほどの姿勢になっている人をたまに見掛ける。「先生」と呼んだ瞬間、呼んだ者と呼ばれた者との間に、抜き差しならぬ上下関係が生じるのである。

この場合は、単に「○○議員」と呼べばいいだろう。

現役時代、被疑者の接見のため警察署の留置場へ来た弁護士に対し、「先生」と呼ぶ捜査員がいた。しかし、本来、捜査側と被疑者・弁護人側は、基本的に対等かつ対立的な関係にある。以前の捜査は、糾問的捜査観に立って行われていた。例えば「大岡越前」の白州型裁判のように、捜査官兼裁判官が一段上にあり、砂利の上に縄を打たれて座る被疑者を裁く、という格好で進められていた。しかし戦後、それではあまり不平等で人権侵害だということで、当事者主義・弾劾的捜査観に基づき、土俵型裁判、つまり捜査官と被疑者・弁護人が東西の力士で、行司が裁判官というかたちになったのである。

対等な立場で、ましてや追及する側にある捜査官が弁護人を「先生」と呼んだりするのは、自虐的捜査観（官）というものである。

「○○弁護士」と言うのが呼び捨てのように感じられるのなら、末尾に「さん」を付ければよい。ただ、捜査官が私生活において、財産分与や離婚問題などで弁護士に依頼する際は、先生だろうが英語のロイヤーだろうが、好きなように呼べばいいと思う。

日頃、耳に触る呼び方はまだまだたくさんある。ついでに三つほど触れておこう。

一つ目は、テレビのニュースキャスターが、総理大臣をゲストに迎えて対談する際、「安倍さん」などと気軽に呼んでいることである。これはとても失礼な言い方だと思う。総理大臣は、国民が選んだ国会議員の中から、さらに選ばれた国政のトップである。それに対して、一番組のキャスターが、まるで友人に対するかのように呼びかけるのは、自分を偉く見せたいとの思いが透けて見え、大変聞き苦しいものである。

これは総理大臣に対してだけではなく、その他の大臣や政党党首との対談でも同じである。キャスターには充分な自覚を持ってもらいたいし、番組ディレクターなど周囲の人も、視聴者を不愉快にさせないよう留意していただきたいものである。

二つ目は、国会において議長が議員を指名する時に使う「〇〇君」という言い方である。衆・参両院議長の年収は約五千万円、一般的の国会議員は三五〇〇万円ほどと言われ、議長のステータスが高いことがわかる。また、議事を円滑に進めるため、議長に権威がなくてはならないことも理解できる。しかし、戦後育ちの者にとって「〇〇君」は格下の者に対する呼び方という意識があり、如何に議長といえども、国民の選挙で選ばれた議員に対して失礼ではないかと感じてしまう。

国会が出たのでついでに言うと、床に敷いてあるフカフカの絨毯は、如何なものであろうか。あのような絨毯は迎賓館など、要人をもてなす社交場だけにしてもらいたいものである。

先般、テレビでドイツの国会議場が映されていたが、赤絨毯でなく、ダークな色合いの絨毯で質素な学校の大講堂のようであった。哲学の色は紺と言われるが、個人的には、赤や茶色は中華料理店に似合う色だと思う。

ただし、議事が深夜まで長時間に及ぶことも少なくないので、背・腰に負担がかからないよう、椅子はクッションの利く贅沢なものでよいと思う。

三つ目は、看護婦（ナース）さんの言葉遣いである。看護師と言わず、あえて看護婦さんと言ったのは、個人的には未だ男性の看護師さんのお世話になったことがないからである。

私の親族で、内臓系の病気で一級障害者手帳を持つ者がいるが、ある時、その人が「あそこの病院は、医者は上手だが、若い看護婦の言葉遣いが悪いから行かない」と言っていた。

また、私の父親は肺癌や太腿の血管のバイパス手術などで何回か数カ月にわたり入院したが、八十八歳まで生きることができた。医療関係者にはとても感謝していたが、大正一桁生まれの父も、看護婦さんの言葉遣いに悩まされていた。具体的な言葉は省略するが、要するに、若い時に戦争で苦労し、その後、六十代半ばまで必死に働いてきた年長者に対しての言葉遣いではないというのだ。

普通の社会的関係で言えば、二十歳の者が六十歳の者に対して使う言葉は尊敬語や丁寧語であろう。しかし、最近の看護婦さんは、そうではないらしい。特に病気で弱っている時は、普段なら何とも思わない言葉が、胸に突き刺さったりする。言葉は、毒でもあり薬でもあるのだ。

看護婦は、難しい国家試験をパスし、ハードな医療実習・訓練を乗り越えてきた、尊敬に値する職業の一つだと思う。だからこそ、医学関係の勉強だけでなく、言葉遣いについてもしっかり学んでいただきたい。

ちなみに、私の亡妻も若い頃、看護婦として働いていたので親近感を持っている。だからこそ、より尊敬される職業であって欲しいとエールを込めてお願いしたいのである。

野球の「クロスプレー」は禁止しよう

少年時代、空地や田んぼの中でソフトボールに夢中になった。また、地元福岡の「野武士軍団」西鉄ライオンズが三連覇した頃の稲尾や中西、豊田らの活躍は未だに忘れられない。その後、西鉄から太平洋クラブ、クラウンライターとオーナーが代わる頃までライオンズを応援していたが、チームは低迷し、贔屓の選手も見当たらず、日本のプロ野球はほとんど見なくなってしまった。

代わりに最近は、土・日曜の午前中に放映される大リーグの試合を、シーズン中はほぼ毎週楽しませてもらっている。贔屓のチームは、日本人プレーヤーが所属するチームである。特に投手陣は野茂以来、ダルビッシュ、上原、田中などの活躍が素晴らしいし、野手についても引退した松井秀喜や、未だ頑張っているイチローの活躍に一喜一憂している。

昭和四十年前後、大リーグのチームが来日して全日本選抜と試合をすると、日本チームは全く歯が立たなかった。今はその頃と比べ、隔世の感がある。力の差は今でもかなりあるが、技術力というか、野球術の練度の向上により、ある部分では大リーグに勝るとも劣らぬようになってきている。

体力で劣る日本人選手の活躍は、他の在米アジア系・ヒスパニック系の人々に、大きな自信を与えていると思う。また、野茂やイチロー、松井（秀）は、日本人をアピールするという意味で、外交官百人分の役割を担ったと言えるだろう。

ただ、野球ファンである私が、どうしても納得できないことがある。

それは「クロスプレー」、とりわけ、ホームベースに突っ込むランナーとキャッチャーのそれである。かつて、福岡ダイエーホークスの小久保選手がクロスプレーで右ヒザ靭帯を切って一年間休養したが、下手をすると選手生命も失っていたかもしれない。

また、クロスプレーではないが、ヤンキース時代の松井選手は、スライディングキャッチの際に左手首を骨折し、選手生命を縮めてしまった。全くもったいない話である。

野球はプロレスやラグビーではない。怪我を避けるために、キャッチャーはライン（ベース）から少し離れて走者が滑り込みやすい位置をとること、また走者はキャッチャーに怪我をさせないように注意を払って滑り込むことを、セーフ・アウトより優先すべきではないか。

最近、大リーグでは、クロスプレーによりキャッチャーが一時的に生命の危機に瀕する重傷を負ったことから、危険なクロスプレーは自粛されているという。しかし、大リーグも日本のプロ野球も、未だそれを全面的に禁止するまでには至っていないようである。

ファンも選手が怪我をするようなプレーは期待していないので、早くしっかりとしたルールを作るべきである。

来日外国人とは、まず日本語で話そう

水が高い所から低い所へ流れるように、文化も高い国（民族）から、低い国（民族）に流れる。その際たるものが言葉（言語）であろう。紀元前の昔から、侵略者は属国となった国に、自分たちの言葉や宗教を押しつけてきたのである。

私は福岡市に居住・勤務していた頃、たまに欧米系外国人から道を尋ねられることがあった。彼らは私が日本人であることを知っていながら、英語で話しかけ、また英語での回答を求めるのである。

カタコトの日本語で尋ねようとしたが、途中で断念し、仕方なく英語で話しかける、というわけではない。日本国内でありながら、英語で話して当然と思っているのだ。その無神経な態度が頭に来て、「Speak Japanese in Japan」などと、ついやり返したこともある。

そう言えば、日産のカルロス・ゴーン社長は、就任から十数年になるというのに、テレビで見る限り日本語で喋らない。しかも、その年収が約十億円などと聞くと、ますます面白くない（と言いながら私は一時期、日産の車を愛用していました）。

平成二十二年、楽天社長の三木谷浩史氏とユニクロ（ファーストリテイリング）社長の柳井正氏が、社内の公用語を英語にすると発表して話題になった。

海外取引をするに当たっては、英語が不可欠であることは充分理解できる。ただ、よく言われるように、本当の国際人になるには、まず自分の国の言葉や文化、芸術、歴史を充分に学び、理解していることが前提となる。英語学習の低年齢化も進んでいるようだが、日本語の学習をおろそかにしては、日本人の教養や伝統の喪失につながるのではないかと危惧している。

明治時代、日本を訪れたあるフランス人哲学者は、決して豊かとは言えないが、町並みの美しさ、清潔さ、そして日本人の勤勉さ、礼儀正しさ、言葉の美しさに感嘆し、「もし神が地球上に一つだけ民族を残すとすれば、日本民族であって欲しい」と述べたという。

また、最近、あるテレビ番組でエクアドルの二十代の女性が日本の流行歌を披露する場面があった。彼女はインタビューで「なぜ日本語で歌を?」と聞かれて、「日本語の節々に、他の国の言葉にはない、不思議な優しさが感じられるからです」と語っていた。

私はかねてから、明治・大正生まれの年配の女性の言葉遣い、例えば帰り際にかけられる「どうぞまたいらして下さいませ」などのちょっとした言葉に、気品と艶《あで》やかさを感じていたので、このエクアドル人女性の話を聞いて、さもあらんと小躍りするほど嬉しかった。

かな文字の成立や普及に大きな役割を果たした平安貴族の女流作家、紫式部たちに感謝しなくてはと思う。日本語は我々の先祖が何千年もの時間をかけて育《はぐく》み熟成した宝である。外国人に話しかけられたら、せめて最初は日本語で応対しようではないか。どうしても相手が困った様子なら、その時は英語で話したら如何だろうか。

二〇一二年の世界の観光収入がGDPに占める割合は九%台であるのに対し、日本のそれは二%台と発表されていた。仮に日本も九%台まで行けば、平成二十五年のGDP(四八三兆円)を基準にすると三十四兆円ほど増加することとなり、税収入にもずいぶんと貢献するだろう。

和食やおもてなしの心、アニメやファッションなどを高く評価するクールジャパンブームもあり、平成二十六年に日本を訪れた外国人観光客は一三〇〇万人を超えたが、二〇二〇年開催の東京オリンピックに向けて、さらにこの傾向が強まると予想される。

そんな折、初めて来日した外国人に対して一様に「Speak Japanese in Japan」などと言って、日本嫌いにさせてしまわないか悩ましいところではある。

しかしながら、言葉の多様性は、人類の豊かな、そして尊厳ある生活のため大切なものである。例えば、世界の山々の木々が杉あるいは松の一種類となったら如何であろうか。森や林から採れる植物の果実も激減し、そこに住む動物たちの種類も限られてくるだろう。この狭い日本でも、北海道から九州・沖縄まで色んな方言があり、その言葉を基盤にした多様な文化が見られるが、世界においては何をかいわんやである。

日本人のわびさびやおもてなしの心を伝えるにふさわしい日本語を、この機会に外国人にもぜひ学んでいただこうではないか。

核武装は必要か

私はいわゆる準団塊の世代であるが、生まれてこの方、祖国が一度も戦争をせず、また巻き込まれもせず、平和に生きてこられたことにつくづく感謝している。

しかし、最近の世界情勢を見ると、クリミアをめぐる西側諸国とロシアの確執、中東におけるイスラム国の台頭による紛争の激化、東アジアでの中国と周辺諸国との軋轢など、百家騒乱の感がある。

これは世界におけるアメリカの政治・経済・軍事的プレゼンスの低下が大きな要因と考えられるが、将来、この傾向はさらに進むかもしれない。アジア重視とは言うものの、いち早くアジアから撤退し、NATO回帰の一極対応、あるいはさらに弱体化してモンロー主義の再現とならざるを得ない日が来るかもしれない。そういうことも視野に入れ、自力での国防強化などの準備をしておく必要があるだろう。

先の世界大戦を経験された方は皆、「どんなことがあっても再び戦争を起こしてはならない」と言われ、私も全く同感である。しかし、国際法を無視した理不尽な侵略行為を甘んじて受け入れることは、国家・民族の消滅につながっていくだろう。そうなりたくないのであれば、これを跳ね返す力もつけなくてはならない。

我国は唯一の原爆の被害国であり、核アレルギー症となっている。だが、国際ルールなどあまり意に介さない周辺の国々が核を保有している状況にあっては、防衛上、我国も核兵器を持つ必要を迫られるかもしれない。ニュークリア・シェアリング*による核装備も含め、その是非について、やみくもに拒絶反応を示したりするのではなく、真剣に考えるべきである。
最近の新聞紙上で、前海上自衛隊佐世保地方総監の吉田正紀氏が、次のように語っていた。

ある映画の中で、太平洋戦争で連合艦隊司令長官だった山本五十六が「不戦不敗の道はなかったのか」と語る場面がある。私たちは違う。目指すのは「不敗不戦の道」だ。不敗の態勢をつくらないと、不戦にはならない。
（「西日本新聞」二〇一五年三月五日）

つまり、戦争をしなければ負けることもない、などというのは理想（絵空事）であって、相手が日本に戦争を仕掛ければ反対に打ち負かされる（少なくとも大打撃を受ける）と思わせるように準備しておくことが必要だ、という主旨であろう。現在の周辺情勢を見る限り、「不戦不敗」より「不敗不戦」の方がはるかに説得力を持つように思えるのである。

＊ニュークリア・シェアリングシステム
自国は核を保有しないが、同盟国などの核兵器を使って日常的に訓練し、有事の際にはその国から必要な量の核兵器を借りる仕組み。

宗教の役割

世界三大宗教と言えば、キリスト教、イスラム教、仏教を指すが、「日本の宗教は?」と問われれば、葬式仏教あるいはご都合主義的混合宗教とでも答えればいいのだろうか。

キリスト教であれば、日曜日に教会に行って讃美歌を歌い、イスラム教であれば、一日五回、メッカの方向に平伏してコーランを唱えたりと、日々の生活の中に宗教が息づいている。多くの日本人は自身を仏教徒だと思っているが、日々の生活の中で仏教の教えを心の拠り所としている人は、あまりいるようには思えない。

ところが、身内の者が亡くなると、ほとんどの人は葬式でお坊さんにお経をあげてもらう。この時、我家の宗派は親から浄土真宗とは聞いていたが、本願寺派であったのか、あるいは大谷派（東本願寺派）だったのかなどと、改めて聞き知ることとなる。その後、四十九日、百カ日、初盆、月命日などで、釈迦に始まり、その宗派の教義などを拝聴し、お坊さんと一緒に正信念仏偈《しょうしんねんぶつげ》などのお経を唱えたりする。

特にお経は、すべて漢字で書かれているだけでなく、もともと、実際には誰も見たことのないあの世のことなどについて、数多《あまた》の高僧が何十年の難行苦行の末に会得して著わしたものであるから、普通の人には何が何だかわからない。葬儀に参列しているほぼ全員が、よく意味もわからないまま深妙な面持ちで和しているのだから、滑稽《こっけい》な話でもある。

しかし、私は、お経はよく意味がわからないからこそ広く受け入れられているのだと思っている。よくわからない方が、あの世がありそうに思えるし、死者たちがそこに行き、平穏に暮らしていそうな気がするからである。

もう一つ、日本人について感心するのは、宗教に対するアバウトさである。

年末になるとキリスト教のクリスマスソングを歌った後にケーキを食べ、数日後の大晦日にはお寺の除夜の鐘を聞き、さらに数時間後には神社に初詣をする。また、結婚式は大安吉日の日に、ウエディングドレスを着てチャペルで行い、子供が生まれると近くの神社へ初参りに行ったりで、一神教の人々からすれば、かなり無茶苦茶な国民に見えるかもしれない。

しかし、このアバウトさがあったからこそ、イスラム世界におけるシーア派VSスンニ派の戦争や、キリスト教におけるカトリックVSプロテスタントの長期にわたる対立などの骨肉の争いが起きなかったとも言える。

我国においても、平安時代には延暦寺内部における山門と寺門の対立や延暦寺と興福寺の対立、鎌倉時代には日蓮宗と浄土教信徒との対立、安土桃山時代には一向宗と織田信長の激しい対立抗争などがあった。また、江戸時代初期には島原の乱のような幕府によるキリスト教徒に対する弾圧があったが、それ以後は多くの人命が失われるような宗教対立・弾圧はなくなったようである。特に現在は、現代人の英知であろうか、争いを避けるため、宗教に対してあえて適当な距離を保っているようにも思える。

宗教の役割は、一言で言えば、死者そのものの死後の幸福を願うというかたちをとりながら、実は、生者の死への怖れの緩和、心の安らぎにあるだろう。

死への恐怖とは、死ぬ時の苦しさや痛さなどに対するものでもあるが、それよりもむしろ、愛する親や子、夫や妻、親友と永遠に会えなくなるという恐怖である。それ故、愛する人とあの世で再会できると心から信じられれば、死への恐怖はずいぶんと和らぐだろう。

新婚間もなく夫と死別した高齢の女性の話を、どこかで読んだ記憶がある。彼女は、自分があの世に行った時、若くして死に別れた夫が自分に気づいてくれるだろうかという不安を抱えていた。そのことをある宗教家に相談すると、「心配いりません。若い時の姿のまま会えますよ」との答えが返ってきて、彼女は安心したという。

最後にもう一つ、白血病で幼い娘を亡くした母親の話を紹介しよう。

麻意が発病したのは五十六年一月、四歳の時だった。船橋市内の病院で「白血病」と診断され、「あと三カ月の命」と宣告され、入院した。（略）

麻意は美佐子（母親の名）や父茂正（三六）＝教員＝に、「死ぬなんてこわいね。死んだらどうなっちゃんだろう《ママ》」と、しきりに聞くようになった。夫婦は涙ぐむばかりだった。同病院はキリスト教の聖公会系で、病院専属牧師がいた。夫婦はその牧師に相談した。「牧師さんは、〝死ぬとみんな神様のところへ行くんだから、さびしくないよ〟と話してくれた。〝先においでといわれた時はついていいてあげる〟とも約束してくれた。この言葉に麻意は安心したようです」と美佐子は回想する。（略）

美佐子一家は、いつも日曜日には同病院のチャペルへ行きお祈りしている。「子供が信じた死後の世界に将来私も行けると思うと気持ちが安らぐ。これが私の心のよりどころになっているんです」と美佐子は語る。（毎日新聞社編『宗教は心を満たすか』一九八八年）

デジタル社会とアナログ人間

世の中が、パソコンやスマホがあふれるデジタル社会となり、私のようなアナログ人間は暮らしづらくなってきた。

デジタル拒絶反応の理由をよく考えてみると、例えば九十九個のボタンを正確に押しても、一個間違えれば前に進まなくなるからである。一昔前までは、テストでも何でも、八〇％もできれば大方のことは前進していたものだ。一%の失敗も許さないシステムに、息苦しさを感じてしまうのである。

また、携帯電話を持つようになってからは、息抜きに旅行に行っても、自宅で風呂やトイレに入っても、いつ呼び出し音がなるか、気になって心が休まる時がなくなってきた。

メールについては、直接相手の声を聞くわけではないので、真意がよくわからない時は送付者に電話をかけて確認することになる。逆にこちらからメールを送った時は、川柳ではないが「たった今、メール出したと電話かけ」である。約三十年前、ファックスが最初に出た時は、電線の中を紙が通っていくと思っていたぐらいなので、直接、見たり聞いたりしないと落ちつかない。

パソコン上のインターネットオークションは、売主と買主が顔を突き合せての交渉ではないため、詐欺や説明不足によるトラブルが増えているという。

とは言え、文明の利器であるこれらのツールは、色んな情報入手に極めて便利であるし、使える者とそうでない者との生活の質に、大きな格差が出てきてしまう。一昔前は、人を区別する時、自由主義者か共産主義者か、金持ちか貧乏人かという分け方だったが、今やデジタル人間かアナログ人間かが一番の問題であろう。

最近、よく目にする光景がある。ラッシュ時以外の地下鉄は一両に十人程度しか乗っていないことがあるが、そのうちの五、六人は携帯かスマホをいじっている。たまに、私以外の全員がいじっていることもある。

チラリと覗くと、メールのやりとりをしているか、ゲームで遊んでいる者が多い。どう見ても、今しなくては不都合があるものとは思えない。昔、島倉千代子の歌に「送って行って送られて、そのまた帰りを送って行って、夜がふけた町……」という歌詞があったが、メールの送受信も、このような状況になっていないだろうか。

また、ラッシュ時のホームや階段の上り下りの際にも、B5ノートほどのタブレット端末に夢中になっている者を見かける。一つ間違えば転倒・転落して、本人だけでなく周囲の人にも大怪我をさせてしまうかもしれないのに、おかまいなしである。

以前は、汽車や電車の中では、松本清張などの小説を読んで推理を巡らせたり、目を閉じて沈思冥想し、カントやデカルトなどの哲学に思いを馳せたりしたものだ。後者の場合、ほとんどの者が「下手の考え休むに似たり」と相なったが、中にはその神髄に触れたのか、突然大きな声で「わかった！　目からウロコ！」と歓喜の叫び声をあげ、目をパッチリ開けた途端にコンタクトレンズを落とす者もいた。

色んな人たちがいたが、とにかく、自分の頭で考える傾向は今よりも格段と強かったように思う。現在は、回答がすぐに出てくるこれらの電子機器に頼りすぎ、自分の頭で考えてみる習慣を失いつつあるのではなかろうか。

安易に求めるものを手に入れることのできる社会の延長には、人間の思考力、判断力、情操などの劣化が進んだ、殺伐とした世の中があるような気がしてならない。

奥深いエチケット

子供の頃、学校の先生や親から、エチケットに気をつけましょうとよく言われた。その意味は、服装や食事のマナー、言葉遣いや振舞いなどに留意して、他人に不愉快な思いをさせないようにしようということであった。

例えば、朝、年長者にあったら、まず自分の方から「おはようございます」と挨拶し、年長者もこれに気持ちをこめて応えるということである。スマホを操作しながら、バスや電車の乗り降りをすることなどは、エチケットとは対極にある。

このように、エチケットとは一般的に、他人に不愉快や不便な思いをさせないようにするためのマナーのことである。しかし、もっと精神の深いところに根ざした高邁なエチケットがあることを、仏教学者の紀野一義という方がその著書の中に書かれていたので紹介する。

うまい物を食ったら「うめえ！」と叫び、美しいひとに出会ったら「うへえ、きれいなひとだなあ！」と感嘆し、凄い文章に出会ったら、「ひええ、畜生、どうしてこうなるんだ、畜生！　大した野郎だな！」とこういわなくてはならない。

これは人間の基本的エチケットというものである。

（紀野一義『「般若心経」講義』ＰＨＰ研究所、一九八三年）

こうなると、エチケットは、他人に対するちょっとした心配りというだけではなく、その人の人間性や教養がキラリと輝く瞬間であるのかもしれない。

座右の銘

現在、六十歳を少し過ぎた。不惑になった頃から座右の銘などを聞かれることもなくなったが、少年期は自己紹介などの機会がある度に、誰かれとなく聞かれたものだ。

小学校時代、大正生まれの母親から「為せば成る、為さねば成らぬ何事も、成らぬは人の為さぬなりけり」との言葉を繰り返し聞かされたせいもあって、「努力は天才に勝る」「天は自ら助くる者を助く」が十代の頃の座右の銘であった。だが、年をとって、そうとばかりも言っていられないということを体験するにつれ、「人事を尽くして天命を待つ」に乗りかえた。

その後、様々な講演などで、人生の先達の話に感嘆しながら現在に至っている。長く勤めた警察の仕事も退職し、妻にも先立たれた今、大変共感を覚えるのは次のような言葉である。

・大事なことは、人生のいい時期に、大切な人と出会うことです。（ソフィア・ローレン氏）

・人の持つ器は、その人の持つ夢の大きさに比例する。（不明）

・人生の終わりに来た時、テストに合格しなかったとか、取引をうまくまとめられなかったなどと後悔することは決してないでしょう。家族や友人たちと、ともに過ごさなかった時間を後悔することになるのです。（バーバラ・ブッシュ氏）

・仕事と伴侶、その二つを愛せれば人生は幸福である。（城山三郎氏）

おわりに

「はじめに」で述べたように、男は五十歳という人生の節目に自叙伝的なものを残すという、ヨーロッパ・コーカサス地方のある町の伝統を真似て、十年遅れて筆をとった。そして、どうせ出版するなら、自分の足跡だけを振り返って感慨に耽るより、後から続いて生きる人たちに、少しでも役に立てばと思い、拙い経験をもとに提言らしきものを書いた。

国の制度や特定の職種について、ある断面だけを捉えての提言となってしまった感もあるが、対象となった方々には「小人大海を知らず。何をか言わんや」で一笑に付していただきたい。

暴力団の弱体化・壊滅には、本文で述べたようにまだまだ時間を要すると思われるが、その兆しは徐々に出てきている。これをさらに現実的なものとしていくには、警察・検察・裁判所など国家司法機関のさらなる踏ん張りに加え、国民の暴排意識の共有・維持、被害届の提出、各種情報の提供など、捜査当局への協力が以前にも増して必要となってくるだろう。

このあり方次第で、暴力団の行方が決まってくるのである。

今回、ご縁があって拙著をご一読いただいた方々には感謝を申し上げるとともに、未来を生きる若い方々すべてに多様なチャレンジの機会が与えられ、より努力した者が報われるような公平な社会になること、また、後輩であり今後の警察を担う若年警察官が一層の誇りを持って治安維持に邁進されんことを期待致しまして、むすびの言葉とさせていただきます。

笹原英治郎（ささはら・えいじろう）
1952年、福岡県に生まれる。鹿児島ラ・サール高等学校、九州大学法学部卒。地元銀行に勤務した後、1977年に福岡県警察拝命。警察本部捜査第４課特捜班長、同暴力団対策課課長補佐、小倉北警察署刑事管理官、直方警察署副署長などを歴任し、2013年退職。暴力団内部抗争による拳銃発砲殺人事件など数多くの捜査に従事、その解決に貢献した。

暴力団《ぼうりょくだん》の行方《ゆくえ》
消滅《しょうめつ》、マフィア化《か》、それとも…

■

2015年７月10日　第１刷発行

■

著　者　笹原英治郎
発行者　西　俊明
発行所　有限会社海鳥社
〒812-0023　福岡市博多区奈良屋町13番４号
電話092(272)0120　FAX092(272)0121
印刷・製本　大村印刷株式会社
ISBN978-4-87415-949-1
http://www.kaichosha-f.co.jp
［定価は表紙カバーに表示］
JASRAC 出 1506848-501